职场写作

从入门到精通

万盛兰◎著

人民邮电出版社
北京

图书在版编目（CIP）数据

职场写作从入门到精通 / 万盛兰著. -- 北京 : 人民邮电出版社, 2021.1（2023.7 重印）
ISBN 978-7-115-54912-9

Ⅰ. ①职… Ⅱ. ①万… Ⅲ. ①汉语－应用文－写作 Ⅳ. ①H152.3-62

中国版本图书馆CIP数据核字(2020)第179226号

内 容 提 要

在信息化时代，写作能力影响员工在职场中的竞争力，是员工在工作中必不可少的一种能力。然而，在职场中很多人知道自己要写什么，但是不知道如何下笔。本书分两篇介绍职场写作应当遵循的逻辑和不同种类职场文书的写作技巧、方法及注意事项，旨在帮助职场人士了解职场写作的本质和逻辑，全面掌握职场写作的技巧和方法。

本书适合需要提升职场文书的写作能力或在职场写作中遇到难题的读者阅读。

◆ 著　万盛兰
责任编辑　单元花
责任印制　彭志环
◆ 人民邮电出版社出版发行　北京市丰台区成寿寺路 11 号
邮编　100164　电子邮件　315@ptpress.com.cn
网址　https://www.ptpress.com.cn
北京七彩京通数码快印有限公司印刷
◆ 开本：700×1000　1/16
印张：16.5　2021 年 1 月第 1 版
字数：257 千字　2023 年 7 月北京第 8 次印刷

定价：59.80 元

读者服务热线：(010)81055493　印装质量热线：(010)81055316
反盗版热线：(010)81055315
广告经营许可证：京东市监广登字 20170147 号

前言
Preface

职场写作在工作中很常见，例如工作计划、部门总结、商业计划书、创业计划书等。在日常工作中，我们不难发现，那些能写出格式规范、逻辑通顺、说服力强的文章的人，往往能在领导和同事心里留下良好的印象，进而可以助力自己的职业生涯发展。可以说，在信息化时代，写作能力影响员工在职场中的竞争力，是员工在工作中必不可少的一种能力。

在职场中，并非每个人都能做到“下笔如有神”。虽然很多人知道自己要写什么，但是不知道从何下笔。也就是说，真正了解职场文书写作规范并做到写出规范的职场文书的人很少。大多数人不知道在哪些场合使用哪种文书，以及如何写出规范的职场文书。

那么，如何才能解决这个问题？要想解决这个问题，我们就应当掌握职场文书的写作技巧、方法和相关注意事项。

本书主要分为两篇：第一篇主要阐述职场写作应当遵循的逻辑（包括第1章到第3章），第二篇主要阐述不同种类职场文书的写作技巧、方法及注意事项（包括第4章到第10章）。

第1章主要阐述职场写作的底层逻辑。职场写作的本质是为了解决某个问题，因此必须做到有效表达。

第2章主要阐述职场写作的思考逻辑。职场写作是一种创造性比较弱的写作行为，而且大多是经领导授意的，因此写作者在思考的时候，要按照既定的逻辑展开。

第3章主要阐述职场写作的行文逻辑。职场写作应遵循的行文逻辑：观点—

论据—总结。这种行文逻辑既能让对方一眼就明白你的意图，又能有效提升阅读体验。

第 4 章讲计划、总结类文书的写作技巧和实操模板，包括个人工作计划、个人工作总结、部门工作计划、部门工作总结、商业计划书、创业计划书和调研报告。

第 5 章讲规划、部署类文书的写作技巧和实操模板，包括规划、方案、决定、意见、安排和工作要点。

第 6 章介绍讲话、发言类文书的写作技巧和实操模板，包括座谈发言稿、领导讲话稿、会议主持词、开幕词和闭幕词、欢迎词和欢送词及演讲稿。

第 7 章介绍会议、简报类文书的写作技巧和实操模板，包括会议通知、会议方案、会议记录、会议纪要和工作简报。

第 8 章讲书信、公函类文书的写作技巧和实操模板，包括申请书，决心书，保证书，倡议书，建议书，号召书，求职信，推荐信，证明信，介绍信，表扬信，感谢信，慰问信，询价函、报价函，推销函、订购函，索赔函、理赔函和商务公函。

第 9 章讲规章、制度类文书的写作技巧和实操模板，包括制度、章程、守则、办法和规定。

第 10 章讲凭据类文书的写作技巧和实操模板，包括意向书、协议书、合同、借条、欠条、收条、聘书和解聘书。

此外，附录讲社交类文书的写作技巧和实操模板，包括职场中常用的请柬、贺信、贺电、唁电、讣告和悼词。

本书旨在帮助职场人士了解职场写作的本质和逻辑，全面掌握职场写作的技巧和方法。所以，如果你在职场写作中遇到问题，抑或你想进一步提升职场文书的写作质量，或者你对职场写作很感兴趣，那么请打开这本书，你一定可以找到自己需要的内容。

目 录

Contents

第一篇 职场写作应当遵循的逻辑

第二篇　不同种类职场文书的写作技巧、方法及注意事项

第一篇

职场写作应当遵循的逻辑

第 1 章

职场写作的底层逻辑：有效表达

写作是职场人士必不可少的工作内容之一，如工作总结、工作报告、会议记录、调研报告、方案等的写作。职场写作的本质是为了解决某个问题或某个事项。因此，必须做到有效表达，正确传递写作意图。

01 职场写作的本质：工作中涉及的写作

职场写作是指工作中涉及的写作，如写工作总结、工作报告、会议记录、调研报告、方案等。我们一般把职场中写作的文章称为文书，是指记录信息、表达意图的文字材料，其反映的内容是由职场中的实际工作所决定的。无论是计划总结类文书、规划部署类文书，还是讲话发言类文书、会议类文书、书信或公函类文书等，都与实际工作有关。

核心概念

从广义上讲，职场中涉及的所有写作都可以称为职场写作，写出的文章均可以称为职场文书。

职场人士都应当具备一定的写作能力。无论是职场新人还是老员工，在求职、辞职的时候都要写求职信、辞职信；无论是销售人员还是行政后勤人员，都需要按照公司的要求撰写工作计划、工作总结；即使是企业管理人员，也需要写一些和企业发展战略、决策相关的文书……但是，仍然有很多职场人士没有认识到写作的重要性。他们认为只要把领导安排给自己的工作完成就行，写作能力强不强根本不会影响他们在职场中的发展。

畅销书《重来》的作者贾森·弗里德（Jason Fried）曾说："如果你要从一堆人中决定出一个职位的合适人选，雇那个写作最厉害的人。不管他是营销人员、推销员、设计师还是程序员，他们的写作技巧会对此有益。"实际上，在职场中，写作能力强的人，往往更容易得到领导的关注，并且更容易得到晋升。究其原因，主要有以下两点。

第一，写作能力强的员工，能够有效地表达自己，清楚地传递信息，进而能够提升工作中的沟通效率。沟通效率越高越利于快速处理工作中遇到的问题，提升工作效率。对于职场人士而言，这无疑是提高自己的职场竞争力的一种有效方式。

第二，写作能力强的员工，能够为企业创造一些价值。例如，为公司写一个有创意的方案，进而为公司获取更多的利润。再例如，通过写作输出、分享自己的经验和知识，不但有助于对自身的知识系统进行复盘，还能够影响他人，为公司培养人才。

基于以上两点，职场人士应当改变自己传统的想法，努力提升自己的写作能力，进而提升自己的职场竞争力和影响力。

马尔科姆·福布斯（Malcolm Forbes）曾说："一封好的商务信函，可以让你得到一次面试机会，帮助你摆脱困境，或者为你带来财富。"这句话非常直观地表达了职场写作的重要性。所以，任何一个职场人，无论你在哪一个行业，处于哪一个层级，都要深刻理解职场写作的本质，并掌握职场写作的底层逻辑。

技巧总结

职场人士为什么要努力提高写作能力？

（1）提升工作中的沟通效率，快速地处理工作中的问题。

（2）通过写作为企业创造一些价值。

（3）优秀的写作能力可以提升职场中的竞争力和影响力。

02 有效表达方能产生有效影响

职场写作不同于我们平日写的日记或随手记录的文字。职场写作常常是为了解决现实工作中的实际问题，处理具体的事务。因此，在职场写作中要做到有效表达，精准地传递信息，进而产生有效影响。

核心概念 |

有效表达是指把信息清楚、明确地传达给对方，以促进双方沟通，达到解决实际问题的目的。

在职场写作时，要做到有效表达就要遵循以下几个原则。

（1）观点精准

职场写作的目的是记录或者传递信息，促进工作顺利开展。如果文章的观点不够精准，那么传递出来的信息就会误导他人，进而很可能会造成不堪设想的后果。

观点精准表现在两个方面。

第一，内容要简练，突出主题。即职场写作中的一切观点都要服务于文章的主题，与主题内容相关性不大的内容一笔带过即可，或者直接删除。此外，要注意的是，切忌赘述。

第二，用词恰当、精准。法国著名作家居斯塔夫·福楼拜（Gustave Flaubert）曾说:“要描述一个动作，就要找到那个唯一的动词；要描述一种状态，就要找到那个唯一的形容词。”“唯一”这两个字体现的是表达的准确性和用词造句的严谨性。在遣词造句上反复推敲，能让观点表达更加准确，进而能更精准地记录和传递信息。

实战案例

×× 商贸有限公司关于 ×× 的任职决定

根据 ×× 商贸有限公司 ×××× 年 ×× 月 ×× 日股东会议，做出如下决定：

任命 ×× 为公司执行董事兼经理（法定代表人）。

以上任命决定自发布之日起立即执行。

全体股东签名：

×××× 年 ×× 月 ×× 日

这篇决定的主题是“关于 ×× 的任职决定”。全文都是围绕这一主题在阐述内容，且语言简洁明了，用词精准。这就是一篇合格的任职文书。

（2）逻辑清晰

逻辑清晰是指按照一定的逻辑顺序表达观点，阐述内容。一般来说，职场写作中常用到两种表达逻辑：归纳逻辑和演绎逻辑。

归纳逻辑是指由特殊到一般的逻辑推理。在进行归纳推理时，要学会找到不同的事物（思想、事件、事实）之间的共性，然后将其归类，并说明其共性。例如，橘子、苹果、香蕉存在共性，都是水果，可以归为一类。

演绎逻辑是由一般到特殊的逻辑推理。演绎逻辑一般是由一个大前提和一个小前提推导出一个结论的论述形式。例如，“做好这 3 项工作就能增加产量，但是生产团队目前的人手无法做好这 3 项工作，因此，生产团队应当增加人手。”

写作者在写作时应当按照这两种逻辑阐述文章的内容，使文章的结构、逻辑更清晰，更利于读者的阅读和理解。

实战案例

××××年工作总结

一年来，在领导的指导、关心下，在同事们的帮助和密切配合下，我的工作取得了一定的成绩，但也有一些不足之处。为了总结经验，吸取教训，更好地前行，现将我这一年的工作总结如下。

一、基本情况和取得的成绩。

主要负责销售工作，以及客户的投诉处理问题。

这一年完成了12个项目，个人销售额突破了50万元。

二、存在的不足

主要是个人自制力和沟通方面的问题。

（1）自制力。因个人自制力不强，有时候会出现拖延工作的情况，导致不能按时按质完成工作任务。

（2）沟通。因为跟同事沟通存在问题，导致有一次给客户的资料出现了两处错误。

三、下一步的工作安排

虽然在这一年的工作中取得了不错的成绩，但是还存在很多不足之处，接下来我将加强自己的自制力，加强跟同事、领导之间的沟通，争取把工作做得更好。

×××

××××年××月××日

该年度工作总结就是按照归纳逻辑顺序进行阐述的，所以整个内容的表达非常清晰、完善。

（3）内容真实

内容真实强调的是职场写作中的内容一定要源于事实，要有根据，确保反映的是实际发生的情况，并且有利于解决实际问题，切忌假、大、空、套和陈词滥调。例如，在个人计划中写道“我非常热爱公司，我深爱我的领导和同事……我要努力工作回报他们……”这样的表达就是“大”“空”，对解决实际问题没有实际的作用。

（4）结构严谨

所谓的结构严谨，是指文章思路的展开要条理清楚，段落的划分和安排要恰当，且各个部分的布局要合理，要有头有尾，有过渡有照应。

例如，“在领导的指导、关心下，现将我这一年的工作总结如下”，这句话前后部分没有过渡，会让读者读起来很吃力。正确的写法应该是“在领导的指导、关心下，我的工作取得了一定的成绩，但也有一些不足之处。为了总结经验，吸取教训，更好地前行，现将我这一年的工作总结如下”。

只有做到结构严谨，文章的内容才能清晰地呈现给读者，你的行文目的才能达到。因此，写作者在写职场文书的时候，一定要厘清写作思路，确保文章结构严谨。

技巧总结

在职场写作中，如何做到有效表达呢？

（1）内容要简练，突出主题。

（2）观点表达要准确，用词恰当、精准。

（3）按照一定的逻辑顺序表达观点，阐述内容。

（4）内容反映的是实际发生的情况，并且有利于解决实际问题。

03 职场写作中常见的误区

一些初学者常常会陷入误区。这些误区不仅会影响职场文书的准确、朴实、严谨、规范性等，还会影响信息传递的效果，进而影响企业的工作进展。为了避免这种负面影响的产生，初学写作者应当了解职场写作中常见的误区，并尽量避开这些写作误区。

（1）标题表达的误区

写作者在拟标题的时候，常常陷入标题表达的误区。一般来说，写作者在拟标题的时候，常见的误区有以下两种。

误区一，标题概括不明确。例如，标题为《×× 公司关于 ×× 产品问题的报告》。标题看上去似乎很完整，但是仔细一想，你会有这样的疑问：产品哪个方面存在问题？生产还是供应？标题中并没有明确指出产品的具体问题所在，这很容易让文书接收对象一头雾水。所以，写作者应在问题前面加上限定词，如“生产问题”“供应问题”等。

误区二，标题不精简。职场写作的标题应简明扼要地概括文章的主要内容和用途。因此，职场文书的标题一定要尽量精简，避免过长、太复杂的表达。例如，标题为《×× 公司关于加强产品质量检查，保障消费者利益的通知》。实际上，该标题的前半句“加强产品质量检查”已经表明了该文的主要内容，后面的“保障消费者利益”就略显空泛、多余，应当删除。

（2）行文中常见的误区

行文中常见的误区体现在用词、表达、标点符号等方面。具体来说，常见的有以下 4 个误区。

误区一，词语使用错误。例如，“公司责令 ×× 必需改正”。这里“必需”的使用是错误的。“必需”多指原料、物品、用途等必不可少的需要。因此，这里应当写作“必须”。“必须”一般表示事请处理上的必要，它带有一定的命令的语气，即一定要的意思。

误区二，数字使用不规范。例如，“二十世纪九十年代”的用法就不够规范。正文中的公历纪年的世纪、年代、月、日，必须使用阿拉伯数字，因此，正确的写法应该是 20 世纪 90 年代。

误区三，标点符号使用不当。例如，按照“× ×”、“× ×”、“× ×”的标准。并列词语之间若本身包含书名号或引号，通常不使用顿号，因此，正确的写法应该是“× ×”“× ×”“× ×”。

误区四，口语化倾向。例如，“今年不管什么乱七八糟的奖励……”。这种口语化的表达不适合用在比较正规的职场文书中，因此，正确的写法应该是“今年无论采取什么样的奖励……”。

以上列举的是职场写作过程中常见的 4 种误区。当然，在实际职场写作中还会存在各种各样的误区，如关联词使用不当、落款不规范等。造成这些误区的绝大部分原因是写作者并没有弄清楚职场写作的特点和规范，写作功底不够扎实。所以，为了避开写作误区，写作者要深入了解职场写作的特点和规范，掌握职场文书的正确方法。

技巧总结

在职场写作中，主要存在哪些误区呢？

（1）标题表达的误区，如对主题概括不明确、表达过于复杂等。

（2）行文中词语、数字、标点符号等使用的误区及口语化表达的误区等。

04 零基础快速上手的途径

任何一个刚刚接触职场写作的人，都希望能够掌握其中的诀窍，快速上手。但是，实际问题是职场写作不是写日记、写朋友圈这种手到擒来的事情。职场写作对写作逻辑、词语及专业知识的要求比较高。对零基础的写作者而言，要想写出非常优秀的职场文书的确不是一件简单的事情。但是，这并不意味着零基础的写作者找不到快速上手的写作途径。

核心概念 |

对于零基础的写作者而言，快速掌握职场写作有 3 种途径：临摹、循序渐进、勤于总结。

（1）临摹

临摹是初学画画、书法常用的一种方式，是指按照原作仿制书法和绘画作品的过程。初学职场写作的写作者完全可以借鉴这种方法。因为在临摹的过程中可以发现自己的问题，找到其中的诀窍。

如何临摹呢？

首先，根据主题从网络、报纸、杂志等渠道，收集、积累一些内容质量高且主题类似的文章。

其次，对文章进行拆解分析。所谓的拆解是指了解文章的整体结构、框架、用词、创造思路等。

再次，临摹这篇文章的结构、用词等。

最后，进行适当的修改，使其成为自己的文章。

临摹可以说是零基础职场写作者的捷径。但是，笔者要提醒大家，临摹只是为了帮助大家找到写作的感觉，摸清大概的方向，并非是要一直模仿。

（2）循序渐进

本书中所谓的捷径不是教会你一步登天，而是希望帮你找到快速上手的途径。所以，对于初学写作者而言，一定要打消自己一口气吃成一个胖子的想法，要学会脚踏实地、循序渐进地慢慢积累职场写作相关的要点和规范，掌握其中的技巧。

只有这样，才能夯实职场写作的基础，才能写出高质量的职场文书。

通常来说，循序渐进的途径有以下 3 种。

一是从内容比较简单、结构比较单一、篇幅短小的文书开始临摹、学习。例如，从通知、报告等文书开始，然后再向工作规划、工作总结、商业计划等相对复杂的文书拓展。

二是从规范性较强、模式化较高的文书开始学习。例如，先学习条例、办法、规定等文书的写作方法，然后再逐步向领导讲话、调查报告等非规范化、模式化不高的文书拓展。

三是先从自己比较熟悉的领域开始。自己熟悉的领域，更容易下笔，而且自己也比较有信心。当你在熟悉的领域写作一段时间后，你会慢慢地摸清职场写作的要求和风格，然后就可以逐步向其他类型的文书拓展。

循序渐进其实就是一个由浅到深的过程。在慢慢学习、拓展的过程中，你的知识水平、思想境界、学习能力、认知程度等都会得到质的飞跃。当你的这些能力提升后，你自然能够写出优秀的职场文书。

（3）勤于总结

职场写作的能力依赖于学习和实践。但是，并不意味着这种能力在学习和实践中会自然增长。实际上，所有能力的增长，很大一部分原因在于学习之后的总结。因此，我们不仅要勤于学习职场写作的技巧，更要勤于反思、总结。

总结一般分为 3 个部分。

要明确自己在写作中存在哪些问题，要如何改进这些问题。

要明确自己在哪方面做得不错，如何才能继续保持下去，或者如何才能做得更好。

接下来需要做哪些努力才能提升自己的写作能力。

勤于总结，其实就是一个自我反思、解决问题的过程。当所有问题被逐个击破后，你便可以快速进行职场写作了。

技巧总结

零基础快速上手有哪些注意事项呢？

（1）临摹的目的不是模仿，而是分析一篇优秀的职场文书是如何写的。因此，在临摹的时候，思考是关键，找到写作的方法才是最终目的。

（2）零基础的写作者要从最简单、自己最熟悉的领域着手学习。

（3）总结不是检讨，要发现自己的不足，也要挖掘自己的优势。

05 精通职场写作的进阶攻略

人往高处走，水往低处流。对职场写作者而言，最终目的并不是写出一篇合格的职场文书，而是成为职场写作的能手。要成为职场写作的能手，仅仅停留在临摹阶段是远远不够的，还应当掌握精通职场写作的进阶攻略。

核心概念

职场写作的进阶攻略分 4 步：积累、思考、实践和勤耕。

（1）积累

俗话说，巧妇难为无米之炊。职场写作也是如此，如果没有材料，写文章我们会不知从何写起。所以，职场写作进阶的第一步是积累。

积累是指把所学到的、看到的有价值的东西或者必须掌握的东西，通过一定的方式聚积起来。从专业角度来说，这些东西就是写作素材。

无论是对职场写作的初学者还是职场写作的能手来说，积累材料和信息都是最基础也是最关键的一步。因为信息千变万化，你永远无法收集完所有信息。只有不断地更新自己的材料库，你才能用更新鲜的素材写出更符合当下实际情况的职场文书。所以，写作者对材料和信息的积累不应该止步。

一般情况下，职场写作中应当积累以下 4 个方面的材料和信息。

第一，大政策方针和重要言论。积累这方面的信息要持续关注新闻联播、相关机构的官方网站、官方自媒体等。

第二，名言佳句。积累这方面的信息要多读书，或者关注相关的知识网站。

第三，历史和现实的、国内外发生的大事、要事，重要成果和重要经验等。积累收集这方面的信息比较简单的途径就是经常看网络新闻，关注专业的新闻、时评的自媒体等。

第四，工作情况。工作情况方面的信息积累，要求我们在平时工作中多留意身边的信息，尤其是工作中遇到问题时要多记录，多想一步，多思考。

写作者在积累材料和信息的时候要注意有所侧重，明确哪些内容与你的写作主题非常密切，然后将更多的时间和精力投入其中。

每一个职场文书写作者都应当努力学习和积累知识，不断丰富自己的知识。只有这样，才能写出优秀的职场文书。

（2）思考

学习任何东西，思考是前提。职场写作也是如此。如果不思考，即便你积累了大量的材料和信息，有了丰富的知识，你也无法将这些信息和知识有效地输出。因此，在职场写作的进阶阶段，写作者必须具备思考能力，要勤于思考“这篇文章的读者对象是谁”“要如何呈现文章的内容”“内容框架如何搭建”“如何才能写出合格、优秀的职场文书”等。

只有不断提出问题，思考问题，你才能发现问题，解决问题。同时，勤于思考还能够帮助你建立自己的写作思维体系。一旦思维体系建成，任何职场文书的写作你都可以得心应手。

（3）实践

实践是检验真理的唯一标准。这句话在职场写作中同样适用。因此，写作者在积累、思考后，请立刻拿起笔开始写作。

为了能够通过实践提高写作能力，笔者建议写作者在刚开始写作的时候，不要给自己提出太高的要求。你可以先按照规范格式，搭建基本框架，然后再把可以引用的资料填充到正文中。最后，结合实际情况进行修改、润色。

按照以上几个步骤，进行多次实践之后，我们往往就能够掌握一定的写作规律和技巧。

需要强调的是，实践的根本目的是发现问题并解决问题，以提升自己的写作能力。所以，在实践过程中你不要担心出现问题，也不要害怕问题。因为这些问题都解决了，你后面的写作之路会更加通畅。

（4）勤耕

绝大多数非常擅长职场写作的人有一个共同特点：笔耕不辍。所以，对想要进阶的初学者而言，勤耕是非常重要的一步。

刚开始写作的时候，写作者难免会遇到各种问题，总觉得还差点儿火候，其实这没有关系。只要你勤于练笔、勤思考，改正错误，就能做到熟能生巧。慢慢地，你会摸索出方法，找到一套属于自己的写作方式和风格，写出优秀的职场文书。

勤耕是不断提升文书写作能力、夯实基础的有效方法。所以，写作者在闲暇时不妨多写写。例如，每天开始工作之前尝试写一下当天的工作计划，每天工作结束之后做好工作总结等，这些都是职场写作练笔的好办法。

职场写作的进阶之道并非我们想象的那么困难。实际上，只要你多输入（积累、思考），多输出（实践、勤耕），如此不断循环下去，你就能写出高质量的职场文书。

技巧总结

职场写作的进阶之道是什么呢？

（1）养成积累写作素材的习惯。

（2）思维活跃，具备一定的思考能力。

（3）不要纸上谈兵，要积极投入实践。

（4）熟能生巧，要做到笔耕不辍。

第 2 章

职场写作的思考逻辑：被动中有主动

职场写作与一般文章写作最大的区别在于思考的逻辑。一般文章写作是一种创造性比较强的写作行为，写作者只需要从自己的角度思考问题，向读者表达自己的观点即可。但是职场写作是一种创造性比较弱的写作行为，而且大多是领导授意的，因此写作者在思考的时候，要按照既定的模式展开。

01 替代性思维和对象化思维

任何条理清晰、表达精准、主题明确的文章都遵循一定的思维逻辑。职场文书也是如此。一般来说，在职场写作中，我们应当具备替代性思维和对象化思维。

（1）替代性思维

核心概念 |

替代性思维是指将自己替代成对方，站在对方的角度，设身处地地为对方着想的一种思维模式。

为什么说在职场写作中，我们应当具备替代性思维呢？

因为职场写作大多是领导或公司授意或要求的，写作者要根据授意或要求准确地传达领导或公司的意图。所以，写作者写作时应当把自己替代成领导，用领导的思维思考问题。

为了更加准确地理解替代性思维，并在写作过程中努力培养这种思维，我们具体了解一下替代性思维的主要特征。

替代性思维有两大主要特征。

第一个特征，被动。被动思维是相对于主动思维而言的。主动思维很简单，用我手写我心。然而，在职场写作中则是用我手写领导心。也就是说，写作者在写作时，其写作思维不是写作者主动选择的，而是处于相对被动的状态中。

第二个特征，限制性。替代性思维不仅是被动的，而且还会被限定在一定范围内。在写作内容上，写作者必须遵循领导的意图以及公司的规定来写。例如，领导让你写一篇工作总结，你就不能写工作计划。

明确了替代性思维的两大特征，可以帮助写作者清楚认识和培养自己的替代性思维，进而更好地站在领导、公司的角度准确地表达。

实战案例

某公司市场部要召开新产品发布会的通知。市场部领导授意助理写一份会议通知，通知相关人员在 ×××× 年 ×× 月 ×× 日参加新产品发布会，并通知他们会议的相关事宜。

上述案例中，领导授意的时候，交代了会议的相关事宜。写作者在接受领导授意，起草文书的时候，就要始终以领导的授意为准，要明确领导想传递什么内容。只有明确领导授意并准确传递领导授意的文书，才是合格的。相反，如果没有按照领导的授意写作，而是根据自己的主观意识写作的话，所写的文书不但不符合规定，而且会影响工作进展。

因此，我要提醒写作者注意的是，在职场写作中，无论你的文采多么好，思维多么活跃，都要学会克制自己。

（2）对象化思维

核心概念

对象化思维是指写作者围绕某一件事或者某个需要解决的问题展开的思维模式。一件事情发生了或出现了某个问题，现在必须解决，这就是对象化思维的原动力。

对象化思维是相对于主体化思维而言的。

何谓主体化思维？常规的文学创作其实就是一种主体化思维。作者创作的原动力是为了表达自己的想法，抒发自己的情感。简单来说，主体化思维的最终目的是审美。

与主体化思维相对的就是对象化思维。对象化思维的最终目的是认识事物、发现问题并解决问题，以实用性为主。职场写作的目的正是如此。因此，对象化思维是职场写作者必备的思维模式。

实战案例

某销售部门主管为了了解部门员工7月的工作情况，要求每个人写一份7月的工作总结。

上述案例中的工作总结就是领导授意的。很多人认为，工作总结很简单，想写什么就写什么。其实不然。部门领导要求员工写工作总结，其目的是了解员工某段时间的工作情况、取得的成果、遇到的问题，并帮助员工解决问题。因此，员工的工作总结必须围绕工作内容及实际存在的问题展开。具体来说，就是写作者在写工作总结时必须明确当前的工作情况、存在哪些问题、要采取何种措施解决这些问题及下一步如何做等问题。这个思考的过程就是对象化思维。

所以，对职场写作者而言，不仅要具备替代性思维，学会站在领导的角度思考问题，还应当具备对象化思维，能够围绕核心问题进行写作。只有具备这两种思维，才能准确理解领导、公司的授意，顺利解决问题，达到职场写作的目的。

技巧总结

职场写作的思维逻辑有哪些特点呢？

（1）要站在领导和公司的角度考虑问题。

（2）职场写作必须遵循领导的意图和公司的规定。

（3）认识到职场写作的最终目的是认识事物、发现问题并解决问题。

02 被动中应该有主动

按照写作动机我们可以将写作分成两类：一类是写作者主动写作，是有感而发的，如小说、散文；另一类写作是被动的，是按照他人的授意来写的，职场写作就属于这一类。正因如此，绝大多数写作者认为，职场写作是一项完全被动的工作。于是，他们在写作的过程中只会按照领导传达的信息照本宣科。显然，这种理解和做法是不对的。

职场写作中的被动是相对而言的。换句话说，在职场写作的被动中应该有主动。这里面的“被动”很好理解，就是我们上一节提到的，要遵循领导的意图和公司的规定。其中的“主动”则是指写作者要主动思考，要在领会领导意图、遵循公司规定的前提下，积极调动自己的思维和积累的知识，对职场文书的内容进行扩展、延伸和完善。

核心概念

职场写作是被动的，但是在被动中应该有主动。被动是指写作者要领会领导的意图，而主动是指写作中要学会主动思考。

职场写作一般是因领导、公司授意和要求而写的。但是很多时候，领导的授意并不会非常明确、具体地交代文书的内容。很多时候，领导只会简单地交代主题。例如，领导会说去写一份关于 ×× 的会议通知。在这种情况下，学会主动思考就成了一件非常必要的事情。

在职场写作的过程中，写作者的主动主要体现在以下几个方面。

首先，主动思考领导的意图。事实上，无论领导授意是否明确、具体，写作者都应当积极、主动思考并准确领会领导的意图。如果你无法明确领导的授意，一定要主动询问，避免出现写完才发现不符合领导要求的情况。

其次，根据领导的意图主动收集相关资料，了解写作的主要内容。

最后，在起草职场文书的时候，应主动思考如何才能准确、有效地传达领导的意图。

实战案例

××出版社有限公司要授权××文化创意有限公司销售××出版社出版的图书。领导将这一意图传达下去后，要求相关负责人员撰写一份授权书。

授权书具体内容如下：

授权书

××出版社有限公司授权××文化创意有限公司销售××出版社出版的图书。

许可使用范围为：许可××文化创意有限公司将××出版社出版的图书在其天猫店（××图书专营店）进行销售，并许可其使用上述图书参加天猫官方的各种促销活动。

许可有效时间：××××年××月××日—××××年××月××日。

授权方：××出版社有限公司

××××年××月××日

通常情况下，领导授意大多简洁、明了，如上述案例中的“写一份授权书，授权××文化创意有限公司销售××出版社出版的图书”。如果写作者在写授权书的时候，不主动思考，那么他所呈现的内容可能只有一句话：××出版社有限公司授权××文化创意有限公司销售××出版社出版的图书，然后在后面写上成文日期，加盖公章。

这的确也是一份授权书，但是仔细思考我们会发现其中存在大量的问题，诸如“授权的范围是什么”“授权的有效期到什么时候”等。这些问题不明确不仅会给对方造成困扰，还可能会给出版社带来损失。例如，因为没有明确授权范围，对方很可能会超范围销售。案例中的授权书相对来说就比较完善，能够看出写作者在接受领导授意后，进行了主动思考，明确了许可使用的范围及许可有效期。

所以说，一份有价值的职场文书离不开写作者的主动。当写作者在被动中加入自己的主动时，就能够在写作中为文章注入灵魂，让文章更具体、完善、翔实，进而能更精准地传达领导的意图。因此，写作者除了要在写作之前明确领导的意图，还应当学会主动思考。

技巧总结

职场写作者如何做到被动中有主动呢？

（1）主动思考，领会领导的意图。

（2）如果不能准确领会领导的意图，要主动询问。

（3）主动收集相关资料，了解相关政策方针。

（4）主动思考，要如何才能正确、有效地传达领导的意图。

03 明确主题立意：正确理解意图

金代著名文学家王若虚曾说：“文章以意为之主，字语为之役。”这句话的意思是，文章中所写的一切内容都是为突出主题立意而服务的。职场写作也是如此。

核心概念

职场写作是应实际的工作需要而写的，是为了解决某个问题，或者说明某件事情，有明确的目的性。

写作者在写职场文书之前，一定要明确主题立意，弄清楚写这篇文书的目的是什么，只有明确了这个问题，你才知道如何写作。如果在主题立意不明确的情况下就匆忙写作，结果不是你写不下去，就是读者读不懂。

一般情况下，职场写作大多是领导授意的，由文秘人员或者相关负责人执笔的。所以，领导意图是形成职场文书主题的关键因素。因此，**“明确主题立意”首先就要善于领会领导的意图，懂得把握领导说话的重点和要点。**领导在下达职场写作任务的时候，你一定要认真倾听，最好能够详细记录下来。如果你对领导的意图不是非常明确，一定要当场问清楚。

此外要注意的是，**确定文书的主题立意并非要完全按照领导的意图，还要结合实际情况，弄清楚这项活动或者工作的背景、核心内容、要点以及它与当下重点工作的关系等相关情况。**只有这样深入了解职场写作的任务，才能明确其主题立意。

实战案例

某公司领导要求秘书张婷写一份关于奖励市场部张军的通报，通报中要明确张军在工作中的优秀表现及将受到的具体奖励，并且一定要号召其他人向他学习。

接到领导的任务后，张婷对张军近期的工作情况进行了深入的了解，获取的详细信息如下：

市场部员工张军，男；

在××××年××月××日至××××年××月××日的工作中表现突出，组织纪律性强，工作上进，乐于帮助同事；

经公司研究决定，对张军予以通报表扬并奖励人民币1000元整，以资鼓励。

基于以上信息，张婷写作的通报如下：

××公司关于奖励公司员工张军的通报

公司各部门及全体员工：

张军，男，市场部员工，在××××年××月××日至××××年××月××日工作中表现突出。该员工在工作中组织纪律性强，工作上进，乐于帮助同事。

鉴于张军的优秀表现为员工树立了典范，对公司产生了积极的影响，经公司研究决定，对张军予以通报表扬并嘉奖人民币 1000 元整，以资鼓励。

希望张军在今后的工作中再接再厉，戒骄戒躁，珍惜获得的荣誉，以更饱满的热情投入今后的工作。同时，也希望其他同事以张军为学习的榜样，切切实实地做好自己的工作，共同努力，再创辉煌。

××公司总经理办公室

××××年××月××日

公司领导向张婷交代写作任务的时候说："通报中要明确张军在工作中的优秀表现及将受到的具体奖励，并且一定要号召其他人向他学习。"这句话表明的正是领导的意图，也是通报的主题立意。为了进一步明确主题立意，张婷对奖励张军这件事做了全面、深入地了解，得到了更完善的信息。最后，结合领导的意图和这项写作任务的要点，张婷所写的"通报"明确向公司的人员传递了张军在工作中的优秀表现及将受到的具体奖励，并号召大家向张军学习，努力工作，共创辉煌。这种主题立意明确的通报，让人一眼就能看明白写作者想要传达的信息和意图。

所以，写作者在写任何职场文书之前，都不要着急动笔，而是要先领悟领导的意图是什么，写这篇文书的目的是什么。

技巧总结

在职场写作中，如何明确主题立意呢？

（1）善于领会领导的意图，懂得把握领导说话的重点和要点。

（2）结合实际情况，弄清楚这项活动或者工作的背景、核心内容和要点。

（3）弄清楚这项活动或工作与当下重点工作的关系。

04 充分占有材料：新、广、深、实

明确主题立意后，职场写作的下一步就是围绕主题收集材料。当然，并不是每一种职场文书都需要进行这一步，如简单的通知、公告等类型的文书只要在明确主题后稍加思考，就可以落笔起草。但是，一些较为复杂的文书，如工作计划、工作总结、规章、条例等，就必须收集相关的材料。

收集材料看上去是一份简单的工作，只要将相关的材料收集起来即可，实际上并非如此。

核心概念 |

材料是为文书服务的，只有符合文书内容的材料才有价值。因此，收集材料时，要根据文书主题开展工作，并且收集材料一定要做到新、广、深、实。

（1）收集材料的第一个标准：新

这是一个信息更迭速度非常快的时代。我们几乎每天都能收到大量的新信息。人们大多喜欢接触新鲜的东西。因此，写作者在收集材料的时候，一定要收集最新的信息。尤其是在收集时事材料时，一定要选择最近发生的事情、最新发现的问题，这样的材料更有说服力，更能吸引读者。

为此，作者要做到密切关注现实生活和工作中相关的新闻信息，要做到勤观察、多思考。这样才能及时收集大量新鲜的材料，才能为文书内容注入新鲜的“血液”，让文书内容更有吸引力。

（2）收集材料的第二个标准：广

收集材料时，我们要围绕主题开展，收集与主题密切相关的材料。这并不是说，与主题相关度不大的材料，我们就可以直接摒弃。

首先，收集的材料范围越广，我们后期筛选材料时的选择就越多，更便于筛选出符合文书主题的材料。

其次，很多时候，我们还需要一些与主题有一定关联性的材料，以进一步佐证自己的观点，丰富文章的内容。

因此，作者在收集材料时，要做到广泛收集。此外，不仅要收集本地区本部门的材料，还要收集其他地区和部门的材料。而且，除了当前收集的材料外，还要注意发展趋势，收集与发展趋势相关的材料。材料收集越广泛，呈现的内容越全面、翔实，越能说服读者。

（3）收集材料的第三个标准：深

人人都知道的信息，其价值并不大。因此，收集材料不要只浮于表面，作者要做的是挖掘更多深层次的材料。也就是说，作者在收集材料的时候，要深入实际、深入基层、深入群众、深入理论研究、认清事物及问题的本质等。

（4）收集材料的第四个标准：实

所谓的实，体现在以下 3 个层面。

第一，作者收集材料时，要本着实事求是的态度。

第二，收集的材料要真实，即材料的内容是现实生活中正在发生或发生过的事实。

第三，证据确凿。文书中引用的数据、引文一定要准确无误，有明确的来源，能够经得起核实。

古人说：“兵马未到，粮草先行。”意思是出兵之前要先准备好粮食和草料。职场写作之前，收集的材料就是粮草。所以，作者不要认为这是一件浪费时间的事，因为前期的这些准备将给你后期的写作带来非常大的便利。

技巧总结

在职场写作中，收集材料要注意哪些事项呢？

（1）收集时事材料时，一定要选择最近发生的事情、最新发现的问题。

（2）广泛收集材料，使自己在筛选材料的时候有更多的选择空间，可以选择更适合文书主题的材料。

（3）在收集材料时，要深入实际、深入基层、深入群众、深入理论研究、认清事物和问题的本质。

（4）收集材料时，要本着实事求是的态度。

（5）材料的内容一定是现实生活中正在发生或发生过的事实。

（6）文书中引用的数据、引文，一定要准确无误，有明确的来源，能够经得起核实。

05 拟定标题：由主题确定标题

俗话说，题好一半文。意思是标题起得好相当于文章写好了一半。在职场写作中，文书标题的拟定除了要依照格式规范外，还要突出文书的主题，要由主题确定标题。

核心概念

由主题确定标题，才能在标题上直观地突出主题，突出文书的意图，让文书接收者能够一眼就明白行文的目的。

在职场写作中，文书的标题与主题要密切相关。文书的标题是对主题的概括，是为主题服务的。标题的目的是引导主题，突出主题。因此，作者拟定标题时，必须明确文书的主题，然后再根据主题确定标题。

实战案例

刘敏是某网络公司新来的总经理助理。

为了适应网络的快速发展，公司准备研发新的科技产品。这种新产品的科技含量非常高，有非常广阔的市场前景。但是，开发这种新产品的价格也是不菲的，在500万元左右。公司经过多方努力，已经筹集了300万元，还有200万元的资金缺口。总经理让刘敏写一份请示，希望得到上级的支持。

刘敏在拟标题的时候遇到了难题，苦思冥想后，拟定的标题为《公司新产品的请示报告》。总经理看到标题后，感到非常生气。

刘敏拟定的标题为《公司新产品的请示报告》，这个标题很容易让读者产生这样的疑虑：是要请示新产品研发？还是说这是新产品的研发报告？而这两者都不是，刘敏的行文目的是申请新产品的研发资金。所以，如果标题不能突出主题，那么将影响对方的阅读、理解效果，进而会阻碍你达到目的。

从这个案例可以看出，由主题确定标题的重要性。

那么，如何由主题确定标题呢？作者需要考虑以下3个方面的问题。

第一，一定要遵循职场文书标题的基本格式。这一点会在具体的文书中明确阐述。

第二，要根据文书的主题、核心思想拟定标题。刘敏应当拟定的标题是《关于申请新产品研发资金的请示》。这样上级看到标题就能明确这篇文书的行文目的。

第三，标题要简洁明了，能够让读者很直观地看出这篇文书大致要讲什么内容。

技巧总结

在职场写作中，如何拟定标题呢？

（1）根据主题确定标题，标题为主题服务。

（2）标题要符合职场文书的格式规范。

（3）标题简洁明了，能让对方一眼就读懂你的行文目的。

06 谋篇布局：动笔前拟定提纲

古代人在打仗时，会根据自己和对手的情况制定作战方案。明确的作战方案更利于他们展开行动，获得胜利。真正优秀的职场作者也会这样做。他们不会不做任何准备就信手拈来。相反，他们会在动笔之前拟定提纲。这个提纲其实就是他们的作战方案，能够为他们指明写作的方向，让他们条理清晰地写作。

核心概念

拟定提纲是指搭建文章的框架，是职场写作者的思路的文字体现形式。

拟定的提纲结构越严谨、清晰，越利于后期写作。因为作者可以按照提纲的框架行文，这样写出来的文章逻辑更清晰，更便于阅读和理解。所以，拟定提纲是职场写作非常重要的一步，也是职场作者必备的写作技能。

在职场写作中，拟定提纲通常分为以下 3 个步骤。

第一步，确定主标题。

在拟定提纲时，作者首先要明确这篇文书的主题是什么，即这篇文书要反映的主要问题。这一步其实是确定主标题，是写好提纲的关键。

第二步，全面罗列素材，归纳提炼各层次的标题。

确定了主标题后，作者要思考这篇文书的重点内容是什么，想表达哪几层意思，然后根据这些内容，归纳提炼各层次的标题。作者在进行归纳提炼时，可以采取第 1 章提到的归纳逻辑。

拟定了主标题和各层次的标题后，我们就确定了文书的基本框架。下一步我们要做的是让这个框架更系统、完善。

第三步，细分写作层次。

提纲越细，文书的质量就越高。所以，作者在拟定标题时要尽量细分写作层次，让整个框架更系统、完善。要做到这一点，作者在拟定各层次的标题时，要尽量具体到三级标题以下各层次的内容，并对每一级标题下所要表述的内容都做相应的注明。例如，可以写上关键词或把相应的材料放在标题下面。

此外，作者要注意，各层次之间的逻辑要恰当，前后内容要连贯，结构要严密、完整。

实战案例

某公司产品部的领导让下属写一份 ×× 项目的立项报告。下属收集相关资料，明确主要内容后，拟定的提纲如下：

主标题：×××× 项目的立项报告

1. ×××× 项目的立项报告

1.1　市场概述

1.1.1……

1.1.2……

……

1.2　同类项目的优缺点分析

1.2.1……

1.2.2……

……

1.3　××××项目的特点分析

1.3.1……

1.3.2……

……

2. ××××项目创意说明

2.1　项目的名称

2.1.1……

2.1.2……

……

2.2　项目的类型

2.2.1……

2.2.2……

……

2.3　项目的内容

2.3.1……

2.3.2……

……

3. ××××项目的背景设计

3.1　项目的价值观

3.1.1……

3.1.2……

……

3.2　项目的设计背景

3.2.1……

3.2.2……

……

《××××项目的立项报告》的写作提纲就是在明确文书的主题和重点内容后，为文书拟定标题，全面罗列素材，归纳提炼各层次的标题，并使各层次的逻辑恰当，结构严密、完整。

一份好的提纲能够让作者的写作思路更清晰，让作者在写作时“文思如泉涌”。

技巧总结

在职场写作中，列提纲有哪些注意事项呢？

（1）提纲要简明扼要，用简单的标题概括。

（2）提纲的各部分内容要遵循一定的逻辑关系。

（3）提纲的各部分内容之间不能出现交叉的情况。

07 准确把握时间与质量的关系

职场文书是应用文，是为了解决工作中的实际问题而撰写的。一般来说，处理问题和事务都有一定的时间限制。职场写作也有严格的时间要求，但时间紧张并不意味着质量要求会降低，所以如何准确地把握写作的时间与质量的关系是职场作者必备的技能。

核心概念

从某种程度上说，职场文书的价值和作用体现在文书的时效性上，特别是一些时效性较强的请示，更要注意时效性。

从时间层面来说，职场写作中通常会有 3 种情况：时间比较充裕，时间比较仓促，时间非常紧迫。面对这 3 种情况，如何准确地把握写作的时间和质量的关系呢？

第一种情况，时间比较充裕。在时间比较充裕的情况下，作者要将完成写作任务的重点放在质量上。在完成文书后，作者要花大量的时间检查、修改，以写出一篇合格、优秀的职场文书。

第二种情况，时间比较仓促。在实际工作中，相信很多职场人士遇到过这样的情况：领导急匆匆地把你叫进办公室，交代你写一份商业计划书，当天下午 5:00 就要交给他，而此刻是中午 12：00。这个时间相对而言就比较仓促。在这种情况下，完成写作任务的重点应当是文书的完整性。作者应当以最快的速度拟一份提纲，然后再将资料填充进去并修改、完善，确保文书以完整的形式呈现在读者面前。

第三种情况，时间非常紧迫。例如，领导交代完写作任务，让你 1 小时后交稿，这就属于非常紧急的情况。这种情况下，似乎连完整性都没有办法保证。但实际上，也是有方法可以保证的。

当遇到非常紧急的情况时，作者可以对文书的结构进行简化。例如，将 4 段压缩成 3 段或两段，然后通过巧妙的过渡，紧急收尾。当然，一定要尽量做到能交出一份完整的文书，不能交出一份只写了一半的稿件。

准确把握时间与质量的关系，我们才能确保自己在任何情况下都能做到游刃有余。即便时间不够，无法交出一份高质量的文书，至少我们可以交出一份完整的文书。

技巧总结

如何准确地把握时间与质量的关系呢？

（1）首先明确职场文书的时间要求。

（2）在时间比较充裕的情况下，完成写作任务的重点是文书的质量。

（3）在时间比较仓促的情况下，完成写作任务的重点是文书的完整性。

（4）在时间非常紧急的情况下，可以对文书的结构进行适当的简化，但要保证最后交出的是一份完整的文书。

第3章

职场写作的行文逻辑：观点—论据—总结

职场写作的目的比较明确，是为了解决某一问题，因此，职场写作应开门见山地表达自己的观点，然后再用相关材料来论证自己的观点，最后对全文进行总结，进一步明确自己的发文意图。简单来说，职场写作应遵循的行文逻辑：观点—论据—论证。这种行文逻辑既能让对方一眼就明白你的写作意图，又能有效提升接收者的阅读体验。

01 行文框架：观点—论据—总结

职场文书的行文框架一般是**观点—论据—总结**。这样的行文框架，更能明确传达领导的意图，也更便于读者阅读和理解。

心理学中说的首因效应也叫“首次效应”“优先效应”，是指交往双方形成的第一次印象对今后交往关系的影响，也即“先入为主”带来的效果。职场文书一般要给领导或相关人员看，或者要讲给他们听。这些人的工作都比较忙，如果你不能在一开始就让他们理解你的核心观点，就很有可能失去让他们继续看、继续听的机会。这其实就是首因效应。所以，**作者在行文的时候，首先就要开门见山地将核心观点抛出来。**

但是，仅仅有核心观点是不行的。例如，某人工作总结的核心观点是：“我在2019年8月的工作中取得了不错的成绩。”如果你是领导，读完这句话，可能会存在这样的疑问：“究竟取得了什么样的成绩？如何证明？”因此，**在清楚地阐述观点后，作者还应当用论据论证自己的观点，使观点更能被读者或听众接受。**

这里的论据主要是指与职场文书的主题相关的材料，或者能够说明文书主题的相关内容。例如，我在××××年××月的工作中取得了不错的成绩，具体如下：第一，我完成了××万元的销售额；第二，××月开发了××个客户……这里的“第一”“第二”两点内容就是对“成绩”的补充说明。

很多人在写职场文书时，写到这一步就直接结束了。因为在他们看来，已经提出了明确的观点，而且也给出了相关论据佐证、补充说明了自己的观点，该说的内容都交代完了。当然，这么说也没有错。但是，**为了让读者或听众更明白你的意图，加深他们对内容的印象，最好再加上一个总结性的结尾。**

总结性的结尾其实是利用我们常说的心理效应中的近因效应。近因效应是指人们对最近出现的事物印象比较深刻。人的记忆力毕竟是有限的，读者或听众一开始可能非常清楚你所表达的内容，但是等你表达完全部内容后，他们未必能够记得你都说了什么。这时候，如果你可以用总结性的话语点题并升华主题，一定会加深读者或听众的印象，让他们更明确你所表达的内容。

实战案例

某酒店营销部门2020年上半年工作总结如下：

营销部2020年上半年部门总结

2020年上半年，酒店营销部在全体员工的共同努力下圆满实现了既定工作目标。现总结如下：

上半年共完成营收500万元，其中客房的营收为300万元，完成了计划的60%，餐饮的营收为100万元，完成了计划的20%。与去年同期相比，总营收增长了10%……

……

在部门工作方面，营销部上半年累计完成会议接待60次……

……

以上是营销部2020年上半年的工作情况。虽然部门取得了不错的成绩，但还存在很多问题。主要问题是客房部员工的积极性不高，工作效率低。通常只需要半小时就能完成的客房打扫工作，他们需要1小时才能完成。因此，严重影响了客户的入住体验。

为了解决这个问题，我们部门决定跟客房部共同协商解决问题的方法，努力解决问题，争取下半年创造更高的业绩。

××酒店营销部

2020年7月1日

案例中部门工作总结的行文框架就是观点—论据—总结。

当然，不同的文书性质不同、内容不同，因此写作方法也不同。但是，职场写作的行文结构基本上可以采取**观点—论据—总结**的形式。这样写出来的内容会更翔实，主题和观点也更鲜明、突出。

技巧总结

职场写作该如何搭建行文框架呢？

（1）开门见山地抛出观点，让对方一开始就知道你想说什么。

（2）为观点选取论证的材料，并进行分类总结。

（3）以总结性文字作为结尾。

02 提炼观点：先归类，再概括

主题和标题体现的是文书思想观点的核心，而这些核心思想需要观点和材料来支撑，才能让读者或听众信服。因此，在确定了文书的主题和标题后，下一步就是对收集到的材料进行归类、概括，然后从中提炼观点。

核心概念

只有提炼出一个或多个站得住脚的观点，然后围绕观点阐述内容，才能让文书更有说服力，更能打动读者。

如何对材料进行归类、概括，从中提炼观点呢？

先以某种逻辑将材料的内容组织起来。

相关研究表明，人的大脑会自动对发现的事物按照某种秩序组织起来。换句话说，大脑认为这些事物之间存在某种联系，并且会自动将这些事物按照某种逻辑组织起来。例如，人们去火锅店吃火锅的时候，大多数人的想法是，点一些荤菜，再搭配一些素菜。原本这些菜品是单独存在的，但是大脑很自然地将荤菜归为一类，素菜归为一类。

大脑对事物进行组织，其实就是大脑本能地认为这些事物之间存在共性，然后会按照这种共性将相似的事物归为一类。同样，作者也可以对材料进行分类，将能够反映同一个观点的材料归到一类。

为什么要对这些材料进行分类呢？为什么不可以将每个材料反映的观点一一列举出来呢？当然，一一列举的做法没有什么不妥。但是，美国著名的心理学家乔治·米勒（George Miller）在其著作《奇妙的数字 7±2》中提出：大脑的短期记忆无法一次容纳 7 个以上的记忆项目。如果你将所有的观点都罗列出来，读者理解和记忆起来会非常吃力。如果你能将相同的材料分类，整合成一个观点，那么记忆的项目就少了，读者阅读起来就会感到更轻松，也更容易理解和记忆。

我们再举一个生活中常见的例子。

妈妈让你去帮她买一些东西。出门的时候，她叮嘱你说："记住了，帮我买洗发水、豆瓣酱、护发素、醋、肥皂、苹果和盐，还要买一个哈密瓜。"听到这些你可能会头大。等你走到超市的时候，很有可能你完全不记得要买什么了。但如果妈妈这样说："你去超市帮我买一些日用品——洗发水、护发素、肥皂；再买点水果——苹果和哈密瓜；最后再买点调料——醋、盐和豆瓣酱。"这样进行分组后，你再记忆就变得简单多了。

所以，在写作的时候，作者首先要对材料进行归类分组。这不仅会让你的观点更加清晰，也有助于降低读者的阅读和记忆难度。

然后对分组后的材料进行概括。

分组的目的不是将这些概念简单归类。如果只是为了简单归类，那分组后还是会出现概念过多难以记忆的情况。

还是以上述案例为例，妈妈将要买的东西分组后说："你去买洗发水、护发素、肥皂、苹果、哈密瓜、醋、盐和豆瓣酱。"相比第一次的顺序，看得出妈妈已经对这些东西分组了，但是你未必记得住这些内容。因为在你看来，这些东西依旧是 8 个独立的项目。但是，如果妈妈对每组进行概括，那么结果就不同了。妈妈说："先买一些日用品——洗发水、护发素和肥皂；再买一些水果——苹果和哈密瓜；最后买一些调料——醋、盐和豆瓣酱。"原本是8个独立的项目，进行分组并概括后变成3个项目。这样显然更利于记忆。

同样，在职场写作中，作者也可以采取这种方式对材料进行归类、分组，然后对每组材料进行概括。对材料进行概括，其实就是提炼观点。

实战案例

××发展股份有限公司

第××届董事会第××次会议决议公告

××发展股份有限公司第××届董事会第××次会议通知于××××年××月××日以书面、传真、电子邮件等方式发出，会议于××××年××月××日已在公司会议室召开。本次会议应到董事9名。会议的召集、召开符合《公司法》和《公司章程》的有关规定。会议决议如下：

一、审议通过了《关于选举公司董事长的议案》

公司董事会选举黄××先生为公司第××届董事会董事长。

表决结果：9票同意；0票反对；0票弃权。

二、审议通过了《关于调整董事会战略委员会委员的议案》

董事会同意对公司董事会下设的战略委员会委员构成调整如下：

战略委员会由5名董事组成，主任委员：黄××；委员：林××、张××、李××、刘××。

表决结果：9票同意；0票反对；0票弃权。

特此公告！

××发展股份有限公司董事会

××××年××月××日

该会议决议公告的正文部分提出的两点内容，其实是对材料进行的归类和概括。这样的表达条理更清晰，逻辑更清楚，不仅能提升读者的阅读体验，还能提升文书的传达效果。

所以，对职场作者而言，行文的时候不要急于下笔，要先对收集到的材料进行分组归类，然后进行总结性的概括，提炼出观点。观点明确了，写作自然能更顺利地开展。

技巧总结

如何提炼观点呢？

（1）对收集到的材料进行归类分组，每组材料所反映的观点相似。

（2）对分组之后的材料进行高度概括。

（3）每组之间要建立一定的逻辑关系。

03 锁定论据：根据观点筛选材料

很多作者在提炼观点后就赶紧落笔起草。在他们看来，材料选好了，观点也提炼好了，只要进行简单的整理就可以完成一篇合格的职场文书。实际上，问题并没有这么简单。

核心概念

材料是为观点服务的，因此筛选材料的唯一宗旨是材料能够体现观点。

先前对材料的归类只是大致将相似的材料归为一类。这多少会存在一些与观点相关度不高、无法支撑观点的材料。因此，在提炼观点后，作者还应当根据观点筛选材料，锁定论据。

如何根据观点筛选材料、锁定论据呢？具体来说，要注意以下几个问题。

（1）材料是否合适：材料要体现观点

什么样的材料留下，什么样的材料剔除，都是由观点决定的。例如，你要写的是下个月的工作计划，如果你收集的材料中有下个月要帮同事带早饭这件事，那么就要剔除。虽然这件事也是你下个月的计划，但是这件事并不体现你的工作计划，且无法服务文章的主旨。

作者要记住，不符合观点的材料，即便再典型也是无用的，强行把它们塞进你的文章中，只会降低文章的质量和读者的阅读体验。

（2）材料与观点是否关联：材料与观点要紧密相关

根据材料与观点相关联的程度采取如下方法进行处理。

第一，对与观点毫无关联的材料，一定要舍弃。

第二，对能够说明观点并突出观点的材料一定要详细、具体、充分地利用。

第三，对与观点联系不十分紧密，但能够说明观点的材料，要简略采用。

（3）材料是否全面：材料要全面论证观点

很多作者在筛选材料的时候，认为选择一两个能够说明观点的即可。这种想法是错误的。如果选择的材料不全面，文书的内容就会片面、不客观、不具体。这样会降低文书的说服力，难以让读者信服。因此，在筛选材料的时候，作者要根据观点，全面筛选能够佐证观点的材料。

（4）材料是否真实：材料必须真实

材料的真实性往往决定职场文书的导向。只有真实可靠的材料才能论证真实、科学、有价值的观点。因此，作者在筛选材料的时候，必须确保材料是真实可靠的。

确保材料真实需要注意 3 个方面的问题。

第一，要尊重客观事实，不要用主观思想去判断材料是否合适。

第二，任何事情都讲究依据，筛选材料也是如此。如果采用的是第一手材料，一定要明确材料的来源。如果采用的是第二手材料，一定要与原始文献认真核对，确保材料是真实的再采用。

第三，对材料来源进行辨别。作者要切记，不是满足了以上两个要求的材料就可以随意采用。作者还应当对材料来源进行辨别，要清楚原作者的政治立场、生活背景、写作意图等。如果原作者是一个政治立场错误的人，那么一定要果断舍弃该材料。

（5）材料是否典型：材料越典型越能佐证观点

所谓的典型是指材料的代表性很强。如果一份材料在所属的材料分组中最能说明观点，那么这就是具有典型性的材料。所以，作者在筛选材料的时候，一定要锁定这类材料。

职场文书有很多种类，也有很多不同的写作形式。但是，无论哪一类职场文书，以及哪一种写作形式，其内容都必须突出观点。因此，作者在行文时必须选择合适、相关联、全面、真实、典型的材料，将文书的观点准确而完整地体现出来。

技巧总结

如何根据观点筛选材料呢？

（1）材料要体现观点，突出主旨。

（2）材料要与观点关联，且要根据关联程度决定材料的详略。

（3）筛选的材料要全面，要充分论证观点。

（4）筛选材料的时候要再次确保材料的来源及真实性，且要关注原作者的政治立场、背景等。如果原作者政治立场不正确，材料一定不能采用。

（5）越典型的材料越能佐证观点。

04 写好导语：背景—冲突（疑问）—解决方案

文章导语是传统媒体的新闻术语，一般是指文章开头的一段话或一句话。导语是用最简短、最精练的句子表明写文章的目的。一个好的导语，不仅能表明行文目的和文章的核心观点，还能在第一时间吸引读者。职场写作也是如此，也需要一个能表明发文目的，吸引读者的导语。

核心概念丨

职场文书的导语是正文写作的第一部分，目的是明确表明制发这份文书的依据、目的或原因。

文书的导语写作可以按照背景—冲突（疑问）—解决方案的逻辑展开。

首先要在文章的开头介绍读者熟悉的某些背景，然后说明这其中存在的冲突（疑问）。当疑问提出后，读者肯定想知道解决问题的方法，那么最后就可以非常自然地交代解决方案了。

（1）描述事情的背景

什么是背景？背景是与文章主题相关，并且读者一定会认可的内容。例如，“在互联网快速发展的时代，公司现有的产品已经难以满足客户的需求”。其中的“在互联网快速发展的时代”交代的就是背景并且是读者能感知和认可的内容。

在职场写作中，一般还会介绍社会背景和政策背景，然后引出主题。作者可以采用“背景词汇（随着、当前、目前等）+ 主题面临的背景环境”这种模式描述背景。例如，“随着 ×× 制定并落实 ×× 方针政策，全国各地掀起了 ×× 浪潮。为了……”作者可以灵活地运用这个模式，根据文书的主题，写出符合主题的背景。

（2）引出冲突或者疑问

这里的冲突是指某种不利的变化，或者不好的事情。同样以上面的那句话为例，“在互联网快速发展的时代，公司现有的产品已经难以满足客户的需求”，其中的“公司现有的产品已经难以满足客户的需求”，就是我们所说的冲突。

在职场写作中，导语中的“冲突”“疑问”其实很好找。写作者可以简单地问自己一个问题：这篇文书是为了解决什么问题的？这个答案就是导语中的“冲突”或“疑问”。例如，某单位“关于 ×× 产品质量问题的请示”。这篇请示要解决的问题是，他们对一些与产品质量相关的问题有不明确之处，希望质量管理部门给出指示。“对与产品质量相关的问题有不明确之处”就是导语中应交代的“冲突”或“疑问”。

（3）交代解决方案

冲突交代清楚后，读者自然会产生这样的疑问：我们应该做什么才能解决这个问题？这个时候，作者就可以非常自然地交代解决问题的方案。

交代解决问题的方案，其实就是在向读者说明自己需要什么样的帮助，或者向读者明确传递一个信息，希望对方悉知。例如，某公司向投资公司发出关于拨付工程款的申请，其交代的解决问题的方案是为了确保工程的进展及工程的按期完成，我公司将继续扩展融资渠道，加大融资力度。但是，我公司的融资能力有限，根据实际情况，至少需贵公司再拨款 200 万元进行支持，才能保证我公司按预定计划完成工程。这其实就是在交代问题的解决方案。

实战案例

×× 农业科技有限公司关于拨付工程款的申请

×× 投资发展有限公司：

我公司于 ×××× 年开工 ×× 项目，截至 ×××× 年 ×× 月 ×× 日流转土地总计 ×× 平方米，完成土地清表，活动板房搭建，临时办公地点前期准备工作；完成玻璃温室基础建设及园区道路建设。完成相应工程产值约 1000 万元。×× 投资发展有限公司（以下简称 ×× 公司）向我公司共拨付工程款约 800 万元，付款比例达 80%。但是，目前按照工期安排，玻璃温室主题框架安装、日光温室工程也应在近日相继开建。但是面对目前的资金短缺问题，我公司无法进行备料等资金需求量大的工作。为了确保工程的顺利进展及按期完成，我公司将继续扩展融资渠道，加大融资力度。但是我公司的融资能力有限，根据实际情况，至少需贵公司再拨款 200 万元进行支持，才能保证我公司按预定计划完成工程。

为此，特恳切请求贵公司在资金上予以大力扶持，给予及时拨款为盼！

×× 农业科技有限公司

×××× 年 ×× 月 ×× 日

案例中的这篇“申请”，开头描述的“我公司于 ×××× 年开工……付款比例达 80%”就是背景；后面的“但是……”就是冲突；最后的“至少需贵公司再拨款 200 万元进行支持”就是解决方案。按照这样的形式写导语，不仅能提高文书的可读性，还能准确传达这篇文书的制发目的。

技巧总结

在职场写作中，如何写好导语呢？

（1）清楚交代事情的背景。

（2）描述冲突或当前存在的问题。

（3）明确给出自己想要的答案。

05 精练词句：准确、简洁、质朴、得体

我们反复提到职场写作是应实际需要而写的，目的是反映事实以及解决实际存在的问题。因此，职场写作不同于一般文章的写作，其对词句的要求更高。因为只有精练词句，才能更精准地反映事实，更快速地解决实际问题。

核心概念 |

职场写作更强调精练词句，词句要准确、简洁、质朴和得体，能直观反映事实和解决实际问题。

（1）准确

表述准确才能有效记录、传递信息。所以，表述准确是职场写作的基本要求。表述准确是指要用恰当的词语和句子反映事实情况。但是，很多作者在写作的过程中难以把握“表述准确”，他们常常犯以下几种错误。

错误一，逻辑不当。清晰的逻辑决定了读者能读懂你的内容。也就是说，如果逻辑不当，会导致读者难以准确理解你的文章。

错误示例：经过大家的奋力拼搏，我们公司差不多超额完成了 2019 年的目标任务。

这句话中“差不多”与“超额”就是矛盾的词语，会让读者疑惑：“到底是差不多完成了，还是已经超额完成了？”这种表达所传递的信息就是不准确的。

错误二，滥用网络流行词汇。

错误示例：“爱豆（偶像）”“官宣（官方宣布）”“C 位”等。

写作者要知道，职场文书本身是严肃、正规的文件，网络流行词汇的出现显然不符合职场文书的要求；而且不是每个人都能理解这些网络流行词汇，这些词汇的出现会给读者造成阅读困难。

错误三，数字使用不规范。职场文书中的数字，除了正文结构的层次序数、成文日期及惯用语、缩略语、词组和具有修辞色彩语句中作为词素的数字必须使用汉字外，其他应当使用阿拉伯数字。

层次序数是指正文内容的层次，如第一、第二；词、词组、惯用语、缩略语，如不管三七二十一、九牛二虎之力等；修辞色彩词语，如三心二意。除这些数字要使用汉字外，其他应当使用阿拉伯数字。

错误示例：公元前八世纪。

正确示例：公元前 8 世纪。

以上这些是职场作者常出现的问题。这些问题看上去很小，但是会影响阅读体验，并且会导致信息无法有效记录和传递。为了避免这种问题，作者在写作的时候，应当把握字词句的用法，学会推敲每个词，每句话，以确保文章内容的准确性。

（2）简洁

职场文书的语言强调的是言简意赅、简洁明了，忌写空话、套话。但是，往往有很多作者在写作时，为了丰富文书的内容而陷入语言啰唆的误区。

错误示例："在公司的悉心栽培下，在领导的鼓励下，我这个月取得了不错的成绩。我深刻地认识到提升个人能力、加强团队协作的重要性。在自己努力工作的基础上，我还帮助其他同事完成了任务。"

整篇工作总结言之无物，只是在讲一些空话、套话。读完这篇工作总结后，领导无从知晓你做了什么、没做什么。所以，这样的误区作者一定要避免。具体来说，要写出简洁的文章，可以采取以下几种方法。

第一，删缩。删缩是职场文书简洁的主要方法。删缩的原则是删繁就简、删空就实、删长就短。删缩的时候一定要注意文法，不能删掉一些必要的词，否则会影响内容的准确性。

第二，斟酌。要想写出简洁明了的内容，就应当学会字斟句酌，以确保能够用最少的话表达更多的意思。

第三，概括。文章不简洁的一个关键原因是，作者不懂得对内容进行概括。因此，作者要对职场文书的内容有广泛的了解，掌握事物的全貌和彼此的联系，然后用精练的句子对这些内容进行高度概括。

（3）质朴

职场文书讲究的是实用性。因此，在职场写作过程中，作者只要描述实际情况，反映实际问题即可，不需要过于宣扬个人情感，矫揉造作。但是，一些写作者仍然存在这样的写作误区。

错误示例：光阴荏苒，岁月如梭，转眼之间，又到了年末。这一年我经历了失败，也获得了成功。我感谢自己的努力，感谢领导的指导。我想，如果不是公司给我舞台，我是一朵再美的花，也没有地方盛开……

这种表达方式就是典型的过于渲染个人情感，矫揉造作。这样的工作总结无论是对个人还是领导而言，价值都会大大降低。

职场写作要做到质朴，可以采取以下几种方法。

第一，使用质朴的词语。作者在挑选词语时，应尽可能地挑选易于读者理解的词语。

第二，句子要简洁质朴。作者应尽可能地用清晰明朗的陈述句。同时，不宜在句中使用过多的修饰词，不宜过于宣扬个人情感。此外，要多用短句，少用长句。

第三，表达方式要质朴。职场写作主要采取的是说明、议论、叙述等表达方式。一般不采用抒情、描写等表达方式。

第四，修辞手法要质朴。职场写作可以采取引用、排比、比喻、设问等修辞手法。一般不采用夸张、拟人、联想等修辞手法。

（4）得体

得体是指作者应根据行文目的、对象和内容，选择恰当的表达方式和语言。简单来说，要做到内容和形式统一，文实相符。得体是职场文书用语的基本要求，也是职场文书规范的体现。

错误示例：在介绍一位模范时写了“世间再无他这样完美的人物”。

“世间再无他这样完美的人物”，这是文学中常用的表达方式。这种表达方式过于渲染个人情感，显然不符合职场文书的写作要求，会显得十分不得体。

职场写作如何才能做到得体呢？ 作者应注意以下 5 点。

第一，语言要庄重，要与职场文书的性质相符。职场文书是为企业、部门、个人发言，其内容具有严肃性。因此，职场文书的语言要庄重，要与职场文书的性质相符。

第二，语言要协调，要与职场文书的类型相符。不同类型的职场文书对语言的要求不同，因此在写作的时候要根据职场文书的种类选择得体的语言。例如，命令的语言相对来说比较严肃、强硬，而通知的语言相对来说比较委婉、平缓。

第三，讲身份，语言要与发文对象的身份相符。不同的发文对象身份不同，所用的语言应不同。例如，上级可以用领导的语气表达，但是下级请示时就不能用领导的语气表达。

第四，讲礼貌，语言要与职场身份相符。职场文书有严肃性，但是并不是说职场文书没有任何感情色彩。职场文书的感情色彩主要体现在语言、语气要有礼貌，不能盛气凌人。

第五，与时代特征相符。职场文书的语言也应当与时俱进，能够符合时代观念。

准确、简洁、质朴和得体，这 4 点是职场写作对词句的基本要求。因此，作者在写作时，一定要重点关注这些语言的细节问题，以免因小失大。

技巧总结

在职场写作中，如何精练词句呢？

（1）表达准确是职场写作的基本要求，要用恰当的词语和句子反映事实。

（2）职场文书的语言强调言简意赅、简洁明了，忌空话、套话。

（3）职场文书讲究实用性。因此，在职场写作中，只要描述实际情况、反映实际问题即可。

（4）作者应根据行文目的、对象和内容，选择恰当的表达方式和语言。

06 通读修改：完稿之后还要三问

俄国作家列夫·托尔斯泰曾说：“必须永远抛弃那种认为写作不必修改的想法，改三遍、四遍，这还不够。”实际上，没有任何人能确保在写初稿的时候就能写出一篇完美到不用修改的文章。职场写作也是如此，也需要反复通读修改。

核心概念

修改并不意味着你写得不好，而是为了反复打磨，让文章更有可读性和吸引力。

一般来说，修改文章可以分为以下 4 步。

第一步，通读全文。通读全文很好理解，就是从头到尾把文章读一遍。在这个过程中，你很可能会发现一些错别字、错误标点以及语句不通的地方，这时候就可以及时改正这些错误。

第二步，审。审要从两个方面进行：一方面要审文章的政治性、政策性是否正确，另一方面要审文章的内容是否突出了重点、结构是否严谨、逻辑是否清晰、材料是否充分、反映的问题是否属实等。

第三步，查。检查文中的用词是否准确，表达是否规范，是否需要增添材料等。这一步要做的是修改表述不清的地方使其表达清楚，删除一些啰唆的内容等。

第四步，拔。拔是指提升文章的思想高度，升华文章的主题。

修改好比再一次谋篇布局。作者在修改的过程中，可以通过删减、增加新的内容，让文章的结构更严谨、逻辑更清晰、观点更突出。这样才能确保写出一篇合格的职场文书。

进行完以上 4 个步骤之后，很多作者认为可以直接交稿了。不要着急，交稿之前请务必再问自己以下 3 个问题。

第一个问题，这篇稿子我自己满意吗？

如果连你自己都感觉不满意，那么说明你并没有修改到位，或还有提升的空间。因此，如果时间允许，不要着急交稿，而要继续按照以上 4 个步骤进行修改，直到自己满意为止。

第二个问题，是否还存在句子、段落、逻辑方面的问题？

这时候不妨静下来再通读一遍，及时改正问题，避免犯小错误。

第三个问题，格式是否规范？

这一步要对照职场文书的格式规范检查格式，确保格式符合规范。

虽然这些都是小问题，但是这些小问题往往会影响读者的阅读体验，进而会影响文书的传达效果。所以，作者不要认为修改是一件多余、浪费时间的事情，它其实是写作必要的步骤。

技巧总结

在职场文书修改中，要注意哪些事项呢？

（1）修改错别字及标点符号。

（2）确保没有政治问题，确保语句通顺、逻辑清晰等。

（3）写得再好的句子，如果与主题不符或逻辑不通顺，一定要舍得删掉。

（4）提升思想高度，升华主题。

第二篇

不同种类职场文书的写作技巧、方法及注意事项

第 4 章

计划、总结类文书的写作技巧和实操模板

计划、总结类的文书是工作中最常用的文书。这类文书可以帮我们明确当前工作中存在的问题和下一步工作的目标，进而能够让我们把握更多的工作主动权，有效推动工作顺利进行。

01 个人工作计划的写作技巧和实操模板

工作计划是实际工作中使用范围较广的一种应用文书。对个人而言，写好个人工作计划，也是有条不紊地开展工作的前提，是提高工作效率必备的工作技能。

撰写个人工作计划，一般分为两种情况。

第一种情况，领导要求写的工作计划。

领导要求写的工作计划一般包括周计划、月计划和项目执行计划，其主要作用是帮助领导了解工作进度，方便领导跟进、督促员工按时完成工作。所以，这种情况下写的工作计划要突出的是阶段性任务、时间节点和结果。

周计划和月计划较常见，一般都是在一周或一个月的开头制订当周或当月的工作计划，有的领导会有自己习惯的固定形式和要求，员工只要按照领导的要求写即可。如果领导没有要求则按照常规的形式来写即可，常规的工作计划一般包括任务清单和完成的时间节点。

项目执行计划是根据已有的项目决策制订详细的执行计划，一般包括项目执行的主要工作和任务清单，尤其要清楚描述项目实施的阶段，每个阶段的工作重点和任务，完成各阶段工作和任务的人员、资源和时间期限，各阶段的成果形式及项目执行过程中的风险预测和应对机制等。项目执行计划既要有灵活性又要有系统性，确保计划可落地。

第二种情况，自己主动制订的工作计划。

有时候，为了提高工作效率，督促自己及时完成工作，即使领导不要求，自己也可以制订工作计划。这种工作计划具有较大的随机性和随意性，可以每天上班之前对当天的工作做一下安排，也可以在接到新任务之后做一下进度安排。写给自己看的工作计划，最重要的是把重要事项罗列出来，不要遗漏。然后再对每项工作进行细分，最好细分到每个细节、每个动作，再对应标出时间进度。

也就是说，自己主动制订的工作计划要突出的是时间管理，即每个时间段内要做的工作是什么。

无论是哪一种情况，都是为了更高效地开展工作，并且这两种情况是工作中经常出现的。所以，无论是什么企业，什么层级的员工，又或是自由职业者，为了提高自己的工作效率，都应当掌握个人工作计划的写作技巧。

核心概念

规范化的个人工作计划包含 6 个方面的内容：标题、正文引导语、计划的主体内容、计划的实施步骤、提出希望或号召、落款。

（1）标题

个人工作计划的标题包括时间、主要内容等，如《关于 ×××× 年 ×× 月的工作计划》。

个人计划的标题应该简洁明了，让领导清楚地知道你在为什么事情而做计划。只有明确交代这一信息，你制订计划的目的才能有效传达。

（2）正文引导语

个人计划的正文引导语主要是描述相关背景。一般包括当前的相关背景、政策及写这篇计划的目的，即“为什么”要写这篇计划？具体来说，这部分内容应包含以下两点：

第一，计划制订的依据和公司的方针政策及领导指示；

第二，对当前的工作情况进行分析，对前段时间工作的基本情况进行简要的概括。

此外，写导语的时候，要做到语言简洁、逻辑清晰，既能交代清楚当下的背景，又能顺利引出正文的内容。

（3）计划的主体内容

计划的主体内容要清楚阐述你制订的工作计划，如 7 月成交 10 个客户，达到 5 万元的销售额。在阐明具体的工作内容时，一定要具体、详细，并且任务是可以量化的，制订的计划是可实现的。只有这样，作者才能有效督促自己完成计划，达到自己的目标。

可量化是指计划的任务是明确的。例如，“这个月把工作做好”。这个任务就是不可量化的，而“这个月完成 5 万元的销售额”就是可量化的。

可实现即制订的计划在自己努力的情况下可以实现。例如，一个月最多能完成 1 万元的销售额，那么如果制订的计划是一个月完成 5 万元的销售额，这个计划就是难以实现的。

（4）计划的实施步骤

制订计划后，下一步要介绍作者用什么方式执行计划。例如，每天打多少个销售电话，以及定期拜访多少个客户。实施计划的步骤越详细越好。

制定计划的主体内容和实施步骤时，可以用表格的形式呈现。这样我们可以更加直观地看到自己计划的实施进度。

（5）提出希望或号召

如果是自己主动制订的个人工作计划，就可以省略这一步。当然，为了激励自己完成计划，可以写上自己的希望，如“希望自己可以顺利地完成计划”。如果是要交给领导的计划，结尾一定要突出重点，或提出简单的号召。还可以说明注意事项，分析计划实施过程中可能出现的问题，提出实施前景的展望和要求。当然，如果主体已经描述得非常清晰，那么也可以省略结尾。

（6）落款

个人工作计划的落款一般要注明个人的姓名，并且要在姓名下方注明发文日期。

实操模板

××××年××月工作计划 **【标题】**

转眼间已经××年××月了。在上个月的工作中，我认识到了自己的不足之处。这个月为了突破自己，取得更好的业绩，我制订了××月的工作计划。

……

【正文引导语】

描述具体计划（计划是什么）

……

……

【计划的主体内容】

做到什么样的程度及采取何种方式

……

……

【计划的实施步骤】

希望通过自己的努力实现这个计划，提升自己的业绩

【提出希望或号召】

×××

××××年××月

【落款】

技巧总结

在个人工作计划写作中，有哪些注意事项呢？

（1）制订计划要参考自己以前的工作情况及当下的工作情况。

（2）要把领导的指示与自己的实际情况结合起来。

（3）对任务进行分解，并设定相应的时间节点。

（4）广泛听取意见，修改并完善计划。

02 个人工作总结的写作技巧和实操模板

工作总结是应用文写作的一种，是对已经做过的工作进行理性思考，然后发现其中的规律，以指导未来的工作。个人工作总结就是把某个时间段（如一周、一个月，以及一个项目完成后）的个人工作情况进行一次全面系统的总检查、总评价、总分析，分析工作的不足、经验、教训等，以指导自己下一步的工作。对希望进一步提升自己的人来说，掌握个人工作总结的写作技巧是必备的工作能力。

个人工作总结与个人工作计划是相辅相成的。工作总结要以工作计划为依据，而制订下一步的工作计划要在工作总结的基础上进行。

核心概念

一份高质量的个人工作总结应该包含标题、正文引导语、基本情况、工作成绩、存在的困难和问题、下一步的工作安排及落款 7 个方面。

（1）标题

工作总结的标题大体上有两种形式：一种是由单位名称、时间、事由组成的，如 ×× 公司 ×××× 年度工作总结；另一种是 ×××× 年 ×× 月工作总结。个人工作总结一般采用第二种形式。

写标题的时候，一定要突出个人工作总结的主旨，且标题一定要简明扼要。

（2）正文引导语

个人工作总结的正文引导语是总结的开场白，主要包括 6 个方面的内容。

第一，时间段。如在 2019 年 1 月至 2019 年 6 月的工作中……

第二，对工作高度重视，即要明确表明自己非常重视这项工作任务。

第三，工作的方向和目标，即要表明自己在执行这项任务时的方向和目标。

第四，采取了什么措施及精神面貌怎样，即要表明自己采取了什么样的措施完成了任务，以什么样的精神面貌推进了工作。

第五，取得了什么成效，即要表明自己所做的这一切，得到的结果是什么。

第六，承上启下的语句——“现将相关工作情况总结如下”。

引导语的措辞要得体，感情要保持中立，不宜渲染个人情绪。

（3）基本情况

基本情况是指介绍自己的任务、目标等相关情况。介绍基本情况是为了让领导对写作者的工作情况有大致的了解，也是在为下文做铺垫。

描写个人基本情况一定要基于事实，不可夸大自己所做的工作。

（4）工作成绩

写作者在总结工作成绩时可以介绍采取的有效措施。这些措施可以是实实在在的行动，也可以是某个有价值的想法，只要能够突出自己的工作成绩即可。

写作者在描述个人成绩的时候，最好用表格和数据的形式，这样能更直观地呈现自己的成绩。

（5）存在的困难和问题

存在的困难和问题是指在完成任务的过程中遇到的障碍。这些困难和问题可以是实际存在的问题，如资金不足、人手不够，也可以是自己的想法上存在的问题，如对某个问题思考得不够全面。

一般情况下，有针对性地写三四个问题即可。此外，在写这部分内容的时候，还要注意以下几点。

第一，为了突出问题，建议采取的描述形式为：问题—原因—建议的解决措施。

第二，用数据说话，如“一天内发现 20 个错误的程序”。

第三，描述问题本身，不要描述现象，如“资料信息不对，让客户生气了”，应该描述为“资料出现两处错误信息”。

第四，描述问题对事不对人，千万不要在提出问题的时候，指责任何一个人。你要知道提出问题是为了解决问题，而不是推卸责任。

（6）下一步的工作安排

结合自己的目标和存在的问题，确定下一步的工作安排。

下一步的工作安排，一定要结合自己当前的工作情况。此外，作者要注意的是，下一步的工作计划必须是具体的、可衡量的、可实现的且有明确截止时间的，以确保计划能够有效落实。

（7）落款

个人工作总结的落款要注明个人姓名，并在署名下方注明发文日期。

实操模板

××××年××月工作总结　　　　【标题】

在××××年××月—××××年××月的工作中，我取得了非常不错的成绩……现将工作情况总结如下。

【正文引导语】

一、基本情况和取得的成绩

基本情况……

【基本情况】

取得的成绩……

【工作成绩】

二、存在的困难和问题

【存在的困难和问题】

三、下一步的工作安排

虽然在这段时间的工作中，我取得了不错的成绩，但是还存在很多不足之处，接下来我将……

【下一步的工作安排】

×××

××××年××月

【落款】

技巧总结

在个人工作总结写作中，有哪些注意事项呢？

（1）总结的对象是过去做过的工作或完成的某项任务。因此，进行总结时一定要进行充分、全面的调查研究，努力掌握全面的情况。只有这样才能进行全面总结，避免以偏概全的情况出现。

（2）一定要实事求是，成绩不夸大，问题、缺点不缩小。这是分析、得出教训，总结经验的基础。

（3）个人工作总结的重点在于找出重点，找出规律。

（4）个人工作总结的写作结构要遵循三大原则：全面、紧凑和精练。

03 部门工作计划的写作技巧和实操模板

部门是一个组织的机构。通常一家公司会分成很多部门，如市场部、销售部、后勤部等。不同部门的性质不同，工作内容也不同。为了让各个部门更好地落实工作，领导常常会要求部门主管或部门经理写一份部门工作计划。此外，部门主管或部门经理为了更好地完成领导交代的任务也会主动撰写部门工作计划。

部门工作计划是指某个部门在某个时间段的工作打算。一般情况下，部门会制订部门月度计划、季度计划和年度计划，或者为了完成某个项目而制订项目计划。

其中，以月、季和年度为周期制订的周期性工作计划是较常见的部门工作计划。这种工作计划具有周期性、模式化的特点。一般要对上一个周期的工作做一下简单的总结，然后在总结的基础上制订新的周期计划。与个人周期性工作计划相比，部门周期性工作计划更强调目标和结果，即部门在这个月、这个季度或这一年度要达到什么目标、取得什么结果。然后，再分条写出为了达到目标、取得结果，部门将做哪些事项。

部门项目工作计划和个人项目工作计划相比，除了要写清楚任务执行阶段及各阶段的时间期限、任务成果之外，还要做好人员分工与协调，明确团队每个人的工作任务、职责范围及需要配合、协作的事项和对象等。

所以，部门工作计划要考虑团队每个成员的优劣势，要考虑团队当前的运营情况。只有对这些情况进行全面的了解，才能制订出有效的、可执行的部门计划。因此，在写部门计划之前，要对部门工作进行充分调查、研究。

核心概念 |

部门工作计划包含 6 个方面的内容：标题、情况分析、工作任务和要求、工作方法和措施、提出希望及要求、落款。

（1）标题

部门工作计划的标题一般由部门名称、计划期限构成，如“销售部 ×××× 年 ×× 月工作计划”。

（2）情况分析

制订部门计划前要全面了解、充分分析部门当前的工作情况，这是制订下一步计划的基础。

首先，要清楚描述部门上个周期工作的实际情况。例如，部门完成了 20 万元的销售额。

其次，要对上个周期的工作情况进行分析。例如，部门虽然取得了一定的业绩，但是与去年同期相比，这个业绩并不理想，没有达到预期的目标。

最后，进一步分析上个周期工作中存在的问题。例如，之所以没有达到预期，是因为员工的士气不高……

以上是部门周期性工作计划情况分析的内容。如果是部门项目执行计划，就要针对项目的情况进行分析，包括背景介绍、项目目标、项目结果等。

总的来说，情况分析实际上就是在为引出具体计划做铺垫。

（3）工作任务和要求

这部分内容要详细、具体交代计划的工作任务和要求。工作任务描述一定要全面、仔细，要求要简明扼要，一定要明确交代应该做到什么程度，并且还应该明确规定完成任务的具体时间。例如，团队 8 月应完成 20 万元的销售额。

（4）工作方法和措施

制订了计划后，下一步就要根据主客观条件，确定具体、可操作的工作方法和措施，以保证完成任务，达到目标。

确定工作方法和措施时，应注意以下两点。

第一，做好分工和协作安排。部门计划的实施需要部门成员之间相互协作。因此，在确定工作方法和措施时，还应根据工作任务的需要及员工的能力，对工作任务进行合理分配。

第二，制定预防措施。根据工作中可能出现的问题、偏差、障碍，制定相应的预防措施。这样可以有效避免突发问题使计划无法顺利推进的情况。这一点在部门项目计划中更重要。

（5）提出希望及要求

部门工作计划的结尾一般是对部门提出希望或要求，鼓励部门员工为完成工作计划而努力。例如“为了达到 ×× 目标，我们部门的所有员工要齐心协力……”

（6）落款

部门计划的落款要注明部门的名称或部门领导的名称，并在署名下注明发文日期。

实操模板

×× 部门 ×××× 年 ×× 月工作计划　　　　**【标题】**

我们 ×× 部门在 ×××× 年 ×× 月中取得了 ×× 成绩。虽然大家都很努力，但是成绩并不理想。因此，这个月希望我们能突破自己，取得 ×× 业绩。为此，我们部门制订了 ×× 月的工作计划：

【情况分析】

一、描述具体计划（主要任务及目标）

……

……

……

【工作任务和要求】

二、做到什么样的程度及采取何种方式

……

……

【工作方法和措施】

以上是我们部门 ×× 月的工作计划。这个计划可能还不成熟，希望领导指正，我们部门希望得到领导的引导和帮助。

×× 月我们部门一定会以更好的状态投入工作，争取为企业创造更多的效益。

【提出希望，以及要求】

×× 部门/×××

×××× 年 ×× 月 ×× 日

【落款】

技巧总结

在部门工作计划写作中，有哪些注意事项呢？

（1）起草部门工作计划之前要全面了解部门的工作情况。这是制订部门工作计划的基础和依据。

（2）部门工作计划要根据任务的需求和部门员工的能力进行分配、明确分工。

（3）部门工作计划起草后，要交由部门全体人员讨论。

（4）部门工作计划制订出来并经正式通过或批准以后就要坚决贯彻执行。在执行过程中，难免会发现问题，这时就要加以补充、修订，使其更加完善，切合实际。

04 部门工作总结的写作技巧和实操模板

部门工作总结，是指把一段时间内部门的工作情况进行一次全面系统地总检查、总评价、总分析，分析部门工作的不足、经验和教训等。部门工作总结是以部门计划为依据的。所以，部门工作计划和工作总结是相辅相成的。

当某个月、某个季度或者某个项目的计划完成后，部门领导往往要应上级要求或为了进一步推进部门工作，撰写一份部门工作总结。

核心概念 |

一份高质量的部门工作总结应该包含标题、正文引导语、基本情况回顾、工作成绩、经验与教训、下一步的工作计划及落款 7 个方面。

（1）标题

部门工作总结的标题一般由部门名称、时间组成，如《人力资源部 2019 年度工作总结》。

（2）正文引导语

部门工作总结的正文引导语是部门工作总结的开场白，包括 6 个方面的内容。

第一，时间段。如在 2019 年上半年的工作中……

第二，部门对工作高度重视，即要表达在领导的带领下，部门非常重视这项工作且非常努力。

第三，工作的方向和目标，即要表明部门在执行这项任务时的方向和目标。

第四，采取了什么措施及精神面貌怎样，即要表明部门采取了什么样的措施完成了任务，是以什么样的精神面貌推进工作的。

第五，取得了什么成效，即要表明部门所做的这一切得到的结果是什么。

第六，承上启下语句——如“现将部门相关工作情况总结如下”。

正文引导语的措辞要得体，感情要保持中立，不宜渲染部门情绪。

（3）基本情况回顾

基本情况是指介绍部门的任务及目标等相关情况。介绍基本情况是为了让领导对部门的工作情况有大致的了解，也便于为下文做铺垫。

此外，写作者要注意的是，描述这部分内容的时候，一定要站在更高的格局上，全面、具体地描述部门工作的实际情况，不可夸大部门所做的工作，更不能故意弱化部门的问题和缺点。

（4）工作成绩

部门的工作成绩是指部门在某个时间段内完成的工作成果，包括业绩、有价值的行动、想法等。例如，部门这个季度的销售额达到了50万元，与上个季度相比提高了10%。作者在描述部门工作成绩时，最好用表格、数据，这样能更直观地呈现部门的工作成绩。

（5）经验与教训

经验与教训，即要描述部门在这段时间的工作中所遇到的困难和问题。这些困难和问题可以是实际存在的问题，如“员工积极性不高”“工作效率低”，也可以是部门领导、员工想法上存在的问题，如某项工作决策失误等。

一般情况下，有针对性地写三四个问题即可。此外，在写这部分内容时，要注意以下几点。

第一，为了突出问题，建议采取的描述形式为：问题—原因—建议的解决措施。

第二，用数据说话，如“部门一个月内接到了48个投诉电话”。

第三，描述问题本身，不要描述现象，如“部门工作效率低”，应该描述为“5天应完成的任务，团队花了7天才完成”。

第四，描述问题对事不对人。千万不要在提出问题的时候，指责任何一个员工，这样只会让领导或员工认为你在推卸责任。

（6）下一步的工作计划

结合部门的目标和存在的问题，制订部门下一步的工作计划。

制订部门下一步的工作计划，一定要结合部门当前的工作情况。此外，写作者要注意的是，下一步的工作计划必须是具体的、可衡量的、可实现的且有明确的截止时间的，以确保计划能够有效落实。

（7）落款

以部门为主做的总结落款就写××部门，以部门主管为主做的总结就署主管的名字，并在署名下方注明日期。

实操模板 |

××××年××月××部门工作总结　　　　**【标题】**

在××××年××月—××××年××月的工作中，××部门取得了非常不错的成绩…… 现将××部门的工作情况总结如下。

【正文引导语】

一、基本情况和取得的成绩

（1）部门的基本情况

……

【基本情况回顾】

（2）部门取得的成绩

……

【工作成绩】

二、经验和教训

……

【经验与教训】

三、下一步的工作安排

虽然在这段时间的工作中，部门取得了不错的成绩，但是还存在很多不足，接下来我们部门将……

【下一步的工作计划】

××部门/×××

×××年××月

【落款】

技巧总结

在部门工作总结写作中，有哪些注意事项呢？

（1）要充分了解团队当前及之前某段时间的工作情况。只有充分了解这些情况，才能做出全面的分析、总结。

（2）在部门工作总结中，要突出自己分管和主管的工作。

（3）撰写工作总结要实事求是，不能过分渲染个人工作成果。对多人共同完成的某项工作，要写清楚团队或某些员工在工作中起到的作用。

05 商业计划书的写作技巧和实操模板

商业计划书是指企业及项目单位为了进行招商融资，根据一定的格式规范和要求撰写的计划性文书。一般领导会将这份工作交由助理以及相关人员去撰写。写商业计划书的目的是招商融资。因此，计划书的内容必须全面展示企业和项目目前的状况、未来的发展潜力及其他优势，以吸引投资者投资，帮助企业寻找更好的发展机会。

核心概念

商业计划书的本质是为了预测企业的成长并为成长做好准备而制订的行动计划。

一份好的商业计划书要明确 3 个重点内容：

你是谁？你要向对方表明身份，让对方清楚地知道你是谁；

你要做什么？你写这份商业计划书的目的是什么？你的产品和服务能够提供哪些价值？

怎么做？你是否有把握这件事能做成功？你准备怎么做？

明确了以上 3 个重点内容后，下一步就是按照商业计划的格式规范和要求撰写商业计划书。

具体来说，商业计划书应当包括以下几个方面的内容。

（1）项目定位

项目定位，即简明扼要地介绍你的项目是什么。项目定位要写在商业计划书的首页，让对方一眼就能看懂商业计划书的目的。

具体来说，项目定位应包含项目名称、项目背景和研究目的、项目的独特性、项目的先进性。例如，《××幼儿园家具融资的商业计划书》。项目定位为：项目是以幼儿园家具为起点，逐渐延伸至幼儿园配套设施、儿童房配套家具等，最终打造一个幼儿、儿童用品的全产业链……项目的投资价值主要反映在市场潜力、公司运作能力和投资回报3个方面。

根据项目定位，投资方可以了解这是一个什么项目，其优势是什么。如果对此感兴趣，他们便会继续阅读下去。

（2）出发点

出发点，也就是回答“为什么要写这份商业计划书”。在此，你要清楚地表明市场的需求是什么，客户的痛点在哪里。如果能阐述清楚需求和痛点是最好的。如果存在困难，只阐述需求或只阐述痛点也可以，但一定要有数据、事实描述等做支撑。只有这样才能吸引投资者，激发他们的投资兴趣。

以上述幼儿园家具融资的商业计划书为例。该计划书中指出：从幼儿家具的市场发展规律可以看出幼儿园对幼儿家具的市场需求在不断增加（计划书中给出了市场规律预测图表，图表中市场需求数据呈上升趋势）。随着××领导《关于建立乡镇幼儿园的讲话》所引起的幼儿家具行业的发展和市场需求的增加，我国幼儿家具市场前景较为广阔。

这段话针对幼儿园对幼儿家具的需求进行了深度阐述，有图表数据和政策方向作为支撑材料，具有较强的说服力。

（3）解决方案

面对提出的痛点和客户的需求，公司的解决方案是什么？除了要明确阐述公司的解决方案，还要保证公司的解决方案是可行的，能够真正满足客户需求，解决客户的痛点。

以上述幼儿园家具融资的商业计划书为例。解决方案是扩建厂房、增加家具的生产量，保障家具的质量，在原材料的选取、产品生产和加工、后期的包装、销售及售后服务等各个环节都坚持高质量、低价格。

解决方案简单来说，就是详细、具体地告诉投资方，公司可以解决这个问题。

（4）市场分析

做市场分析讲究证据，投资方不会轻易相信空话，不会因为公司说市场有需求，就投资公司的项目。投资方需要得到详细、全面的市场分析报告，以证明市场真正有这方面的需求和痛点。

上述幼儿园家具融资的商业计划书中有市场预测图表，其实就是对市场进行分析。当然，只是预测还不够，还应当对市场进行深度调研、分析，如问卷调查、实地考察等。

深度、明确的市场分析，能够有效激发投资方的投资兴趣。因此，商业计划书一定要明确、详细地交代这部分内容。

（5）启动市场

一个项目从无到有，要如何启动呢？这是投资方非常关注的问题，也决定了投资方是否会投资。因此，这部分内容要清楚交代“你准备如何启动市场”“你将采取哪些策略”。例如，针对A市场，可以做一场大型的产品促销活动。

（6）竞争优势

除了要分析市场外，还要分析竞争对手。在商业计划书中，必须明确阐述当前的竞争对手主要有哪些及他们的核心优势在哪里。

阐述这部分内容的时候要注意：客观描述竞争对手，不能故意贬低竞争对手。故意贬低对手不仅不会让投资方看到你的优势，反而会让投资方认为你的品格存在问题，进而不愿意进行投资。

（7）核心团队

介绍团队的背景、履历和团队为什么能做好这件事。此外，还要介绍团队的核心成员及团队的分工情况，并说明你的团队目前这种协作方式非常适合完成这项任务。例如，我的团队现有 12 人，其中 8 人具有专业背景，且在该领域取得了 ×× 成就……

（8）执行现状

目前项目已经进展到什么程度？整个项目的推进计划是什么？目前已经做到了什么节点？

如果项目已经运行了一段时间，要清楚交代营业额和利润。如果项目还没有开始运营，就清楚交代你们当前所做的准备工作。例如，我们团队已经制订了初步的计划，下一步……让投资方清楚地知道项目当前的执行情况，为他们做出决策提供更精准的信息支持。

（9）前景

前景即未来一段时间需要做些什么，需要制订怎样的计划。

前景并不是去构想不实际的事情，而是为了更好地应对未来的变化去制订计划。换句话说，就是要准备 B 计划。

（10）商业模式

商业模式是指采取什么样的方式创造价值。创造的价值如何才能变现？变现是长期的还是短期的？

那么，什么样的商业模式更能吸引投资方呢？好的商业模式一般有以下几个特点。

第一，用户活跃度高。

第二，获客成本低，转化率高。

第三，复购率以及回头率高。

第四，用户愿意帮忙传播。

第五，无法轻易被市场复制。

一个好的商业模式，不仅能够便于投资方了解盈利模式，更利于他们快速做出决策。

（11）股权结构

股权结构简单理解就是如何分红。这是投资方非常感兴趣且在意的事情。因此，在商业计划书中，一定要明确公司的股权结构及未来股权的分配设计。

（12）融资计划

写商业计划书的目的是融资。因此，这部分内容要明确表达你的融资计划，让对方清楚地知道你需要的资金及会将这些资金用在哪些方面。

实操模板

商业计划书

××商务咨询有限公司

一、项目定位（项目简介）：……

二、出发点（痛点分析）：……

三、解决方案：……

四、市场分析（市场概况）：……

五、启动市场（你准备如何启动市场）：……

六、竞争优势（分析竞争对手）：产品优势、团队优势、客户优势……

七、核心团队：……

八、执行现状：……

九、前景：……

十、商业模式：广告费、服务费……

十一、股权结构：创始人××%，创业团队××%，期权池××%……

十二、融资计划：融资××元，出让××股权……

技巧总结

在商业计划书写作中，有哪些注意事项呢？

（1）商业计划书的内容不要全部用文字叙述，最好配图或者以表格的形式呈现。

（2）商业计划书中使用的数据，不要直接搬用市场数据，要将数据与产品和服务相结合。

（3）不要承诺“一定可以做好”，毕竟做任何事都有风险。

06 创业计划书的写作技巧和实操模板

创业计划书是创业者计划创立业务的书面摘要。它是用来描述与拟创办企业相关的内外部环境条件和要素特点，为业务的发展提供指示图和衡量业务进展情况的标准。此外，它还有一个作用，递交给投资商，便于他们对企业或者项目做出评判，使创业项目能够获得融资。从某种程度上来说，一份优秀的创业计划书，往往会使项目融资达到事半功倍的效果。

对有创业计划的人而言，掌握创业计划书的写作技巧是十分必要的。

从创业书的内容和作用上来看，创业计划书与商业计划书相似。但是，两者之间又存在着一些差别。

差别一，文件用途不同。创业计划书是创业者和创业团队为了厘清创业思路而梳理的框架性文件，主要用于内部讨论及创业初期行动计划的指引。商业计划书是对企业和项目的运行情况及商业计划进行系统性的描述和分析，以获得融资或合作。

差别二，阅读对象不同。创业计划书的第一阅读对象是团队的创始人及相关成员，而商业计划书的第一阅读对象是潜在投资者。

差别三，描述内容不同。创业计划书主要阐述的是创业要做什么，准备怎么做。商业计划书主要阐述的是商业运营计划。

写作者应当清楚这些差别，避免在写创业计划书或商业计划书的时候混淆重点内容。

核心概念 |

一份完善、合格的创业计划书包括 10 个方面：公司摘要、公司业务描述、产品及服务、收入、竞争情况及市场环境、营销策略、管理团队、财务预测、资本结构和附录。

（1）公司摘要

公司摘要的内容包括公司的主营业务，产品和服务，服务范围，公司成立的时间、优势、所处阶段等基本情况。

（2）公司业务描述

这部分内容要详细介绍公司的具体业务、未来发展目标、计划及策略。

（3）产品及服务

这部分内容要介绍公司的产品和服务的具体内容，如产品和服务的价值、优点、专利等。

（4）收入

这部分内容应详细介绍公司的收入来源及预测公司的收入增长情况。

（5）竞争情况及市场环境

这部分内容要详细、全面地分析当前的竞争对手及未来可能存在的竞争对手。要清楚了解他们的优势、劣势及本公司的优势和战胜竞争对手的策略。

具体的竞争分析可以从以下5个方面入手。

第一，明确谁是最大的竞争对手，最好找出最接近的五大竞争对手。

第二，竞争对手的业绩如何。

第三，竞争对手的业务与你的业务相似度如何。

第四，竞争对手的优势，你是否可以借鉴学习。

第五，如何才能超越竞争对手。

（6）营销策略

营销策略是指采取什么样的方式去营销产品，占有市场。常见的营销策略有价格策略、产品策略、促销策略、包装策略等。创业公司应根据创业项目的特点，选择合适的营销策略。

（7）管理团队

介绍公司的重要人物，包括这些人的职位、能力、经验、受教育程度、专业技能等。此外，要明确公司目前有哪些岗位，哪些岗位空缺。

（8）财务预测

创业计划书中要呈现公司的财务报表，让投资商清楚公司的财务情况，并且还要明确投资的退出方式，如出售、合并。

（9）资本结构

创业计划书中要详细介绍公司的资金使用情况、融资方式及融资前后的资本结构表。

（10）附录

附录是指能够支持上述信息的相关材料，如财务报表、资本结构表等。

实操模板

创业计划书

项目名称：

创业团队：

联系方式：

邮箱地址：

一、公司摘要：

二、公司业务描述：

三、产品，以及服务：

四、收入：

五、竞争情况及市场环境：

六、营销策略：

七、管理团队：

八、财务预测：

九、资本结构：

十、附录：

技巧总结

在创业计划书写作中，有哪些注意事项呢？

（1）结构要合理、清晰，使投资方能够灵活选择他们想要阅读的内容。

（2）尽量使用客观的表述方式说服投资者。

（3）一开始就明确公司的产品和服务能够解决用户的什么问题。

（4）市场调查要基于事实，不要滥用数据。

（5）不要故意贬低竞争对手。

（6）内容切忌假、大、空。

（7）财务预测要符合实际。

07 调研报告的写作技巧和实操模板

调研报告是指根据社会及工作的需要制订的切实可行的调研计划。调研报告的核心是实事求是地反映和分析客观事实。一般来说，新产品问世、门店选址和创立新项目的时候，需要对相关情况进行调研，并撰写调研报告。所以，调研报告的适用范围比较广。

具体来说，我们可以从以下几个角度对调研报告进行分类。

第一，按照服务对象划分。调研报告可以分为市场需求调研报告（消费者调研报告）、市场供应者调研报告（生产者调研报告）。

第二，按照调研频率划分。调研报告可以分为定期性市场调研报告、临时性市场调研报告和经常性调研报告。

第三，按照调研范围划分。调研报告可以分为国际性市场调研报告、全国市场调研报告和区域性市场调研报告。

第四，按照调研对象划分。调研报告可以分为商品市场调研报告、金融市场调研报告。

不少写作者容易将调研报告与调查报告混淆。实际上，这两者在本质上存在很大的区别。调查报告是因为发生了某件事（事故、案件）才去做调查，然后写出报告。调研是以研究为目的，提前做好计划。因此，在写调研报告之前，一定要明确调研报告的概念，避免出现将调研报告写成调查报告的失误。

调研报告的内容主要分为两部分。

第一，调查。调查是指深入实际工作及生活，了解事情的本质，反映客观事实。切记，不能凭借主观想法评判事物，一定要用描述性的口吻记录调查结果。

第二，研究。研究是在调查的基础上进行的，是指根据调查的结果认真、深入地分析实际存在的情况，以揭示事物的本质和内在规律。

当然，除了这两部分内容外，调研报告中也会提出一些相应的对策。但是对策不是调研报告的主要内容。

核心概念

调研报告主要分为 4 个部分：标题、前言、主体和结尾。

（1）标题

调研报告的标题要能够揭示内容中心，突出主题。因此，标题要简洁明了。

调研报告标题的写法，常用的有 3 种。

第一种，常规标题。常规标题是我们常见的调研报告标题，由事由构成，如《关于 ×× 的调研报告》。

第二种，提问式标题。提问式标题是比较有吸引力的一种调研报告标题，如《为什么大学毕业生择业倾向沿海和京津地区》。

第三种，正副结合式标题。正副结合式标题由正标题和副标题组成，如《高校发展重在学科建设——×× 大学学科建设实践思考》。

（2）前言

前言是介绍调研的相关情况，为主体做好铺垫。调研报告的前言常用的写法有两种。

第一种，在前言中直接交代调研目的、调研对象、单位、时间、地点及调研方法等内容。

第二种，先交代调研的相关对象，主要内容包括调研对象的历史背景、主要成绩、突出问题、现实状况等。在前言中先交代这些，更能吸引读者的注意力。

（3）主体

主体是调研报告的核心内容。这部分内容一定要全面、具体地反映调研的实际情况，并且要对调研情况做深入分析。

不同类型的调研报告其主体内容的侧重点不同。因此，调研报告的主体内容应根据具体的调研目的、对象来写。常见的调研报告，不外乎以下 3 个部分的内容：

第一，用数据说话，以说明调研的明确结果，获取对方的信任；

第二，从方法、措施、步骤等方面详细描述调研的整个过程；

第三，分析、总结调研对象的优越性或者存在的问题。

以上 3 个部分是常见的调研报告必不可少的内容。但是，不同的调研报告呈现这些内容的形式也会有所不同。通常来说，调研报告的主体内容有 3 种结构形式。

第一种，横式结构。横式结构是指对调查的内容进行分析后，再对这些内容进行分类，把它们归为不同类别的问题进行介绍。每个问题可以写成一个小标题，标题下面还可以细分。这种调研报告的逻辑比较清晰，主题较突出，更便于读者理解。

第二种，纵式结构。纵式结构是按照调研的顺序，即按照调研事件的起因、发展、结果等先后次序展开介绍。这种写作形式可以让读者对调研事物有更深入、全面的认识。

第三种，综合式结构。综合式结构是指横式和纵式结构相结合。采用这种形式，一般是在叙述调研起因、发展的时候采取纵式结构，在写收获、认识的时候采取横式结构。

当然，具体采取何种形式还要依据调研的对象、目的来定。

（4）结尾

调研报告的结尾要得出调研结果，给出建议和提出问题。调研报告的结尾形式也应根据具体的调研报告的形式来确定。一般来说，调研报告的结尾可以采取以下 3 种形式。

第一种，给出建议。反映情况的调研报告，在结尾的时候可以给出建议。

第二种，总结观点，得出结论。研究分析型调研报告，结尾要总结观点，得出结论。

第三种，提出存在的问题和不足。一些调研报告的结尾，可以写出当前存在的问题和不足，说明有待进一步研究解决。

当然，如果主体内容阐述得非常清楚，那就不需要再添加结尾，自然结束即可。

实操模板

关于 ×× 的调研　　**【标题】**

随着……　　**【前言】**

现将调研的主要内容报告如下：

一、……

二、……

三、……

……

【主体】

分析这份调研报告后，我们清晰地得出……　　**【结尾】**

技巧总结

在调研报告写作中，有哪些注意事项呢？

（1）必须掌握符合实际的、丰富的、准确的调研材料。

（2）调研报告中涉及的时间、地点、事件经过、背景介绍、资料引用等都要求准确真实。

（3）明确调研对象，突出调研目的。

（4）写调研报告，应该用概念成熟的专业用语，非专业用语应力求准确易懂。

第 5 章

规划、部署类文书的写作技巧和实操模板

规划、部署类文书是指企业对一定时期的工作预先做出安排和打算时所写的文书。工作中常见的规划、部署类文书有规划、方案、决定、意见、安排和工作要点。

01 规划的写作技巧和实操模板

规划是带有全局性、方向性的中期（如三年、五年）计划，是对事业及工作制订比较全面的长远发展计划时使用的文书。规划在工作中的适用范围比较广，种类也比较多。按照规划的内容性质和管辖范围，我们可以将规划分为以下几个类型：

按照规划的内容性质，规划可以分为总体规划和专业规划；

按照规划的管辖范围，规划可以分为企业发展规划及部门规划等。

除此之外，还有建筑设计规划、职业发展规划等。

在职场写作中，最常见的是企业发展规划、部门发展规划及个人职业生涯规划。

企业发展规划是对企业战略的规划，是企业发展计划的路线、原则和灵魂，能够指引企业向正确的方向前进。在写企业发展规划的时候，要基于企业的发展状况、面临的问题、资源市场情况等做详细的规划。

部门发展规划相对于企业发展规划而言，范围比较小，是针对部门当前的相关情况，制订详细的未来发展规划。

个人职业生涯规划是每个人在工作中都会涉及的。个人职业生涯规划是对职业生涯乃至整个人生进行的持续系统的计划。一份完整的个人职业生涯规划通常包括 3 个要素：职业定位、目标设定和通道设计。具体来说，撰写个人职业生涯规划的时候，首先应当将个人与组织相结合，对自己的职业生涯的主客观条件进行测定、分析、总结、评估；其次对自己的能力、兴趣、爱好、特点等进行综合分析与权衡；最后确定自己的职业倾向及职业目标，并为实现这一目标制订完善的计划。

无论是企业发展规划、部门发展规划还是个人职业生涯规划，其本质都是为了更科学、准确地达到最终目标。

从规划的分类和范围我们可以看出，无论是什么企业、什么层级的员工，工作中都会涉及规划的写作。所以，掌握规划的写作技巧十分必要。但是，规划不同于一般的计划，不能将两者混淆。

规划与一般计划相比有 3 个不同点。

第一，内容不同。规划的内容是全局性的部署，涉及面比较广；而计划是实施规划的具体方案。

第二，时间不同。规划是一个长期的展望，达到规划目标一般需要三年以上的时间；而计划一般是一个月、半年或者一年。

第三，要求不同。规划要制定长远的发展方案，要有全局性的思维，是一种愿景；而计划主要是定目标、定任务、定措施，是比较实际的事情。

接下来，我们来了解一下规划的行文对象。

规划的行文对象是在接下来的一段时间要参与实施规划工作的人。从这个层面来看，规划的行文对象的范围相对来说比较窄。企业或部门的规划行文对象的范围就是企业或部门的全体人员。

核心概念 |

规划一般包括标题、正文引导语、主体内容、结尾及发文日期 4 个方面。

（1）标题

规划的标题一般由单位名称、时间期限、事由组成。当然，有一些规划也可以省略单位名称。但是，事由一定要明确，这样才能突出规划的主题，让行文对象清楚地知道文书的行文目的，而且涉及时限和范围的内容一定要写清楚，如

《××公司10年发展规划》。

规划的标题要简洁明了，且要突出主题。此外，要注意的是，一般来讲，规划的时限应是5年或者10年，如果是一两年的规划，就应当写作计划。

（2）正文引导语

规划的开篇是正文引导语。这部分内容要简明扼要地交代规划的背景、目的、意义、价值、目标要求。例如,《××公司××××年战略规划书》的引导语为：××市××有限公司根据社会发展现状，结合目前××市的市场需求，设定未来发展需求的企业总目标，并对企业存在的问题进行改善……这段话其实就是在交代规划的背景、目的、目标要求等信息。

这部分内容是制定规划的依据，因此写作者要十分仔细地分析当前的条件，要找出影响规划的因素，并提出明确的指导思想，让规划得以顺利实施。

（3）主体内容

主体内容是规划的核心部分。这部分内容要详细、具体写明规划的主要任务及相关政策和措施。具体来说，要明确交代两部分内容。

第一，规划是什么？即要具体、全面地交代涉及各个方面的指示和预测结果；

第二，采取何种措施实现该规划？即针对规划内容提出实施规划的原则、具体方法和措施。这部分内容一般采取并列式结构，即在每个规划任务后，分别列出具体的措施。

（4）结尾及发文日期

正文内容结束后，可以提出希望或号召，如希望大家积极行动起来，争取在规定时间内实现规划。此外，因为一般的标题中已包含制发单位，所以结尾的落款处只需要在正文右下方签上规划的发文日期即可。如果标题中没有包含制发单位，就要将制发单位签署在发文日期的上方。

实操模板

××规划　【标题】

……为了…… 特制订本规划：

【正文引导语】

现状及面临的形式……

指导思想、基本原则、目标……

主要任务……

主要措施……

规划实施……

【主题内容】

提出希望或号召。

××××年××月××日

【结尾及发文日期】

技巧总结

在规划写作中，有哪些注意事项呢？

（1）一定要是全局性地部署。

（2）眼光要放长远。

（3）语言要简练，具有概括性且要突出重点内容。

（4）规划是对未来很长一段时间内的工作计划，所以无论是确定目标，还是实施过程的具体措施、方案，都应当明确交代清楚，并且要做到合理。

（5）规划的结构安排要有秩序，逻辑要严谨，不能出现意义断层的现象。

02 方案的写作技巧和实操模板

方案是指为了完成某项工作而预先制定原则、目标、方法、步骤、要求、措施时使用的一种文书。方案是计划的一种，且是内容比较复杂的一种。

在实际工作中，由于一些工作流程内容比较复杂，不做全面的部署不足以说明问题、完成任务，因此，在涉及这些任务的时候，需要写一份方案，包括主要目标、指导思想、工作重点、实施步骤、具体要求等。

在工作中，方案的涉及面比较广泛。

按方案的内容划分，方案可以分为工作方案、生产方案、科研方案、学习方案、行动方案等。

按照方案实施后的状态划分，方案可以分为静止方案和动态方案。

静止方案是指方案实施之后，必须按照方案的要求保持稳定的状态。换句话说，在领导没有提出任何意见的时候，就要持续实施该方案，不得做出任何改变。

动态方案是指方案实施后，其状态会随着事件的发展而改变，如活动方案。

无论什么方案，其写作的规范和形式都大体相同。

核心概念 |

方案一般包括标题、成文时间和正文 3 个部分。

（1）标题

方案的标题有两种写法。

第一种，由发文单位、计划内容两个部分组成，如《××公司3年发展规划总方案》。

第二种，在第一种写法的基础上省略发文单位这一要素。例如《开展××活动的实施方案》。但是，如果省略发文单位，就必须在领头的“批实性”通知（文件头）的标题中体现出来。

（2）成文时间

方案的成文时间一般不能省略，且要写在标题的下方。

（3）正文

方案的正文内容分为3个部分。

第一，导语。导语中要详细介绍制定方案的原因，也可以写出制定该方案的价值和意义。一般导语是以“为了……根据……制定了本方案”这种句式进行表达。

第二，主体。主体部分是方案的核心及基本内容。方案的主体内容有两种写法：一是常规写法，按照指导方针、主要目标、政策措施及要求几个部分来写，这种比较固定的写作方式适用于常规性的单项工作；二是变项写法，即根据实际需要加项以及减项的写法，这种写法适用于特殊性的单项工作。

但是，不管采取哪一种写作方法，正文的内容必须包含主要目标、实施步骤、政策措施这3项内容。此外要注意的是，在主要目标中，一般要明确一个总体目标，然后还要将总体目标分解成具体的小目标。实施步骤，一般包括基本步骤和关键步骤。政策措施的内容，一般应当包括政策保证、组织保证及具体措施。

第三，结尾。结尾部分的写作要根据方案的性质而定。如果是员工向领导请示的方案，就要在结尾的时候加上请示的用语，如“以上请示当否，请批示”。此外，如果发文单位在标题中已注明，就不另外落款。如果标题中没有注明发文单位，就要在结尾处注明发文单位。

实操模板

××实施方案 【标题】

××发〔2019〕××号 【成文时间】

按照……要求，根据……现就××工作制定如下实施方案。

一、工作的总体目标和指导原则

总体目标

指导原则

二、重点内容

（1）……

（2）……

三、时间安排、方法步骤和监督检查

（1）时间安排和方法步骤

（2）监督检查

四、组织领导

（1）……

（2）……

（3）……

……

希望……，进一步推动…… 【正文】

技巧总结

在方案写作中，有哪些注意事项呢？

（1）任何方案都要经过批准后才能行文、实施。

（2）重要的方案都会成立一个小组，有专门的组织保证。

（3）方案一般作为“函”以及“通知”的附件下发。

（4）方案也可以是下级以及具体责任人为落实和实施某项具体工作而形成的文件，然后报上级以及主管领导批准实施。写法、要求相同。

03 决定的写作技巧和实操模板

决定是适用于对重要事项做出决策和部署、奖惩有关人员、变更或者撤销不适当的决定事项的文书。决定具有权威性、指导性、稳定性和长远性的特点。

在工作中，决定涉及的范围也比较广泛。工作中常见的决定有以下 3 类。

第一类，奖惩性决定。奖惩性决定是指用于奖惩有关人员的文书。例如，《关于表彰 ×××× 年度优秀员工的决定》。

第二类，指挥性决定。指挥性决定用于对重大行动以及重要事项做出部署、安排。此类决定具有指示性和强制性，常用于某一项具体的工作。例如，《×× 公司关于加强 ×× 工作的决定》。

第三类，变更性决定。变更性决定用于变更企业人员的安排以及撤销不适当的决定事项。例如，《×× 公司关于撤销 ×× 的决定》。

虽然以上 3 类决定的性质不同，但是行文规范和形式基本是相同的。

核心概念

决定一般由标题、题注、正文和落款 4 个部分组成。

（1）标题

决定的标题由发文单位、决定事由两个部分组成。在决定事由之前，一般用"关于"连接，如《×× 公司关于 ×× 问题的决定》。当然，也可以省去发文单位，直接由决定事由构成，如《关于 ×× 的决定》。

（2）题注

如果是会议已经通过的决定，应当在标题的下面居中以括号注明批准、通过该决定的会议名称和日期。

（3）正文

决定的正文一般由决定依据、决定事项和执行要求 3 个部分组成。

第一，决定依据。决定依据是指写作者写这项决定的背景、根据、意义、价值。简单来说，就是要回答为什么做这项决定。

第二，决定事项。决定事项即要清楚写明决定的事项是什么。决定事项的写法要根据决定的形式而定。如果是用于指挥工作的决定，这部分就要表明工作任务、方案、措施等。如果是用于批准某件事的决定，这部分就要表明批准意见。如果是用于表彰以及惩戒的决定，这部分就要表明表彰的具体项目，以及处分决定。如果决定事项的内容比较多，可以用小标题的方式呈现。

此外，无论是什么决定，在写决定事项的时候都要做到简洁明了、逻辑清晰且具有可行性。

第三，执行要求。这部分内容要明确表明如何执行这个决定、有哪些要求等。

主体内容结束后，可注明本决定自发布之日起实施。

（4）落款

正文结束后，在全文的右下角注明做出决定的单位的全称或规范化简称，并在署名的下方写上做出决定的日期。

这里需要注意的是，如果标题中已经写明发文单位，落款就可以省略发文单位。关于发文日期，如果决定属于会议通过的，发文日期就应写在标题下方，也就是我们在前面所说的题注。如果不是会议通过的决定，就应在落款处注明发文日期。

实操模板

关于 ×× 的决定　　【标题】

（×××× 年 ×× 月 ×× 日 ×× 会议通过）　　【题注】

为了……

按照……，现决定如下：

希望参与这项工作的人……

本决定自 ×××× 年 ×× 月 ×× 日起施行。　　【正文】

××

×××× 年 ×× 月 ×× 日

【落款】

技巧总结

在决定的写作中，有哪些注意事项呢？

（1）标题要完整，时间标注要准确。

（2）决定是制约性、权威性非常强的文书，因此在写决定原因的时候一定要简洁、明确、合理、充分。

（3）决定的事项一定要具体、具有可操作性，以利于下级执行决定。

04 意见的写作技巧和实操模板

在实际运行中，企业难免遇到一些新的情况和问题。如果原有的政策规定不够明确或不相适应，就需要上级通过意见的形式进行正确、及时的指导，并提出解决问题的措施、意见，以规范大家的行为，且为下一步完善和制定相关政策规定做好准备。

很多写作者可能会产生这样的疑问：要传递这样的意图，使用决定不可以吗？一般来说，指导工作不能使用刚性很强的决定等文书。意见是上级向下级以及平级提出解决有关重要问题的见解和处理办法的途径。

具体来说，意见有以下几个特点。

第一，灵活性。意见的行文方向不是单一的，而是比较灵活的。它既可以作为上行文，也可以作为平行文，以及下行文。

第二，广泛性。因为意见具有灵活性的特点，所以其应用范围也比较广泛。意见适用于企业以及社会团体。意见对发文单位没有限制。

第三，指示性和参考性。意见与决定不同，不属于刚性非常强的文件。下行文的意见具有指示、指导的性质，而上行文和平行文的意见具有参考和协商等功能。

第四，连续性和时限性。意见一般是针对某个问题以及某个项目。这个问题解决了，项目完成了，有关意见就会自动失效。当然，如果有的问题、项目是长期的，那么有关意见的有效期也会很长，而且还可以对意见进行补充和修改。

因为意见具有灵活性和广泛性的特点，所以意见有不同的分类。根据意见的行文方向，可以将意见分为三大类：下行意见、上行意见和平行意见。

第一类，下行意见。

下行意见是指上级对重要问题提出见解以及处理办法，助力下级更好地解决问题、落实相关事项的行文。下行意见又可以根据行文目的分为 3 种。

第一种，规划性意见。规划性意见是对某一个时期的某一方面的工作提出的大体构想。例如，《××公司关于新办公区规划性意见》。

第二种，实施意见。实施意见是指为落实某一中心工作以及重要决定所制定的实施方案。例如，《关于推动××公司发展的实施意见》。

第三种，具体工作意见。具体工作意见是对如何更好地完成某项工作所提出的意见。意见的内容比较具体，且还会有操作性较强的措施和方法。例如，《××公司关于进一步规范××工作的意见》。

在写作下行意见的时候，应注意用语的恰当性。下行意见是上级向下提出解决办法，因此，较多使用一些带有祈使语气表示肯定，以及带有禁止性语气以示否定的指令性语气。

第二类，上行意见。

上行意见，是指下级向上级就某个重要问题或中心事情发表自己的见解，提出解决问题的办法，以供上级参考和协商。例如，《关于节约使用办公用品的意见》。

在写作上行意见的时候，因为是向上提出意见，因此要使用下级对上级汇报的语气，如“我们建议”“我们认为”“请”“望”等。

第三类，平行意见。

平行意见是指就平级或不相隶属的部门的某个重要问题提出的建设性意见以及可行性处理办法的行文，仅供对方参考，或应对方要求提出反馈。可分为参考性意见和反馈性意见两种。

参考性意见是就有关问题以及事项主动向平级或不相隶属的部门提出见解以及解决问题的方案的行文。例如，《关于 ×× 部门的 ×××× 工作的意见》。

反馈性意见是指当平级以及不相隶属的部门征求意见时，应对方的要求提出反馈性意见。这样的反馈性意见具有一定的被动性。例如，《关于 ×× 的反馈意见》。

平行意见因为是平级之间的见解，因此可以使用平等协商的语气，要多用商量、谦虚的语气，以赢得对方的理解和支持。

归根结底，意见的实质是提出切合实际的可行性建议，发挥指导作用，适用于对重要问题提出见解和处理办法。

核心概念

意见一般由标题、主送单位、正文和落款 4 个部分组成。

（1）标题

意见一般采用完全式写作标题，即包括发文单位、事由，如《×× 公司关于发展服务业的意见》。当然，也可以省略发文单位，只注明事由，如《关于 ×× 的意见》。

（2）主送单位

意见的主送单位在第二行顶格写。意见的主送单位为应知照的单位以及群体，即需要知晓意见的单位以及群体；可以有多个主送单位，如“各高中、综合高中、教师进修学校”。如果是涉及面比较广的普法性文件，就可以不写主送单位。

（3）正文

意见的正文由前言、主体和结尾 3 个部分组成。

第一，前言。前言要交代发表意见的原因。这部分内容要明确表明意见的背景、依据、目的及意义。简单来说，要陈述“为什么提出意见”“为什么要实施该意见”。然后用“现提出如下意见”“现提出如下实施意见”等用语，引出主体内容。

第二，主体。主体内容要明确阐述意见的具体内容，即要表明态度和观点，提出具体的、可操作的建议和办法。此外，因为意见的具体内容比较多，所以可以采取分条的方式罗列，以体现文章的逻辑性和条理性，也便于行文对象阅读和理解。如果意见的内容实在太多，还可以用附件的形式展现。

第三，结尾。意见的结尾可以提出要求或者希望。

这里还要注意的是，如果是报请上级批准以及转批的意见，结尾处要另起一行，并标注“以上意见如无不妥，请转批 ××”，用作结尾语。如果主体内容中已写明要求以及希望，结尾处就不要再写结语。

（4）落款

落款处标注发文单位和发文日期。日期是成文日期，要写全年、月、日。发文单位即提出意见的单位、团体以及个人，名称也要写全称以及规范化简称。

实操模板

关于 ×× 的意见 【标题】

××： 【主送单位】

×× 以来，经过 ××，现提出如下意见：

一、……

二、……

三、……

……

以上意见如无不妥，请转批 ××。 【正文】

××

×××× 年 ×× 月 ×× 日

【落款】

技巧总结

在意见写作中，有哪些注意事项呢？

（1）意见是指导性文件，因此语气一定要柔和，不能用强制性的语气。

（2）意见主要采取说理的方式表述，说理的时候要简洁明了，不必全面阐述。

（3）意见一般是针对新出现的问题以及新的事情提出的指导性意见，因此在写作之前一定要深入调查研究，确保获得最新的材料。

05 安排的写作技巧和实操模板

安排是就某一项内容以及工作所制订的临时性的、时间较短的且又比较具体、切实的计划。常见的安排有会议日程安排、活动日程安排。

会议日程安排是为了使会议顺利召开而制订的计划，内容包括会议的时间、与会人员、议程等。活动日程安排也是为了顺利举办某项活动而制订的计划，内容包括活动的时间、活动的相关人员、流程等。

除此之外，安排也可以按照时间划分，如日工作安排、周工作安排、月工作安排等。这些也是我们工作中常见的安排。这些工作安排一般只写明具体的目标及完成时间，不会具体交代计划的细节。与计划相比，安排的内容比较简单，因此比较适合近期的工作。当然，长期的计划也可以用安排行文。

安排属于计划类文书的一种，因此它具有计划类文书的共同特点。但是，它本身也有一定的独特性。安排的独特性主要体现在以下几点。

第一，安排的形式比较简单。安排一般不要求写前言，开篇就可以简明扼要地点题，并将所要安排的工作一一列清，将措施和要求讲述清楚。

第二，安排的事项比较单一。一般来说，安排局限于某一项活动以及工作。如果是多项活动以及工作的话，一般不使用安排行文。

第三，安排的时限比较短。人们常说“长计划，短安排”，可见安排的时限一般较短。例如，“日工作安排”“周工作安排”“月工作安排”等。

第四，安排的措施比较具体。因为时限比较短，所以安排的措施一般更为详细、具体。

那么，如何写一份合格的安排呢？

安排涉及的一般是范围较小以及企业内部的工作，通常有两种发文形式。

第一种，上级对下级安排工作。虽然上级对下级安排工作涉及的范围比较小，但是格式也是由标题和正文两部分组成的。

第二种，企业内部的工作安排。与第一种形式相比，这种形式的安排涉及的范围更广一些。这种形式的安排可以直接下发文件，格式是由标题、正文、落款3个部分组成的。

一般来说，安排没有收文对象。如果必须有，可以直接在标题上注明，如《关于 ×× 安排的通知》。

核心概念

一般的安排要包含标题和正文两个部分。

（1）标题

安排的标题有两种形式：一种是由发文单位、事由构成，如《×× 公司关于 ×× 的安排》；另一种是省去发文单位，由事由组成，如《关于 ×× 的安排》。

（2）正文

安排的正文一般由开头、主体、结尾3个部分组成。

第一，开头。安排的开头与其他计划类文书的开头相似。在开头的部分要简明扼要地阐述安排的依据、目的、原因、指导思想等。

第二，主体。主体是安排正文的核心内容。一般主体部分包括任务、要求、步骤、措施4个方面的内容。我们可以先写总的任务，然后按照时间的先后顺序分别写具体任务，最后再具体写每一项任务的要求和措施。当然，也可以按照以上的结构分项来写。但是，无论采取哪种结构形式，其任务都要具体，要求和措施都要明确、得当。

第三，结尾。安排的结尾一般可以提出要求以及希望。当然，也可以省略结尾。如果主体部分讲述得已经非常完整，那么自然结束即可。

实操模板

关于 ×× 的安排　　【标题】

×× 以来，经过 ××，现做出如下安排：

一、……

二、……

三、……

……　　【正文】

技巧总结

在安排的写作中，有哪些注意事项呢？

（1）一定要将安排与计划区别开，避免两种文书混用。

（2）安排不需要写前言，开门见山写正文内容即可。

（3）安排的语言要简洁。

（4）安排的内容要详细，措施要具体且切合实际。

06 工作要点的写作技巧和实操模板

工作要点一般用于上级对下级布置工作和交代任务。通常情况下，上级向下级交代任务的时候会说：这份工作的要点是……你按照这个要求去完成任务。可以说，工作要点是顺利完成工作任务的关键。从性质上来说，工作要点属于计划一类。

一般情况下，某项工作的计划尚未正式制订好之前，上级先告诉下级这项工作的要点，让他们大致知道如何开展工作，这时用到的文书就是工作要点。工作要点具有非常强的指导性、针对性，且相对而言行文比较灵活，约束性不强。

核心概念 |

一份高质量的工作要点包括标题、正文引导语、主体内容、结尾和落款 5 个方面。

那么，如何写一份具有指导性、预见性的工作要点呢？

（1）标题

工作要点的标题一般由单位名称、时间区间构成，如《××公司 2019-2020 年工作要点》。

（2）正文引导语

工作要点的开篇是正文引导语。这部分内容要简明扼要地交代工作要点的背景、缘由、目的、指导思想、指导原则等纲领性的内容。

（3）主体内容

主体内容是工作要点的核心部分。要抓住中心工作，即要将总体目标、主要任务、关键事项等作为主要内容。这部分内容如何写呢？

首先，要充分调研，全面熟悉工作的相关情况，掌握工作中的重点内容，分清主次，列出工作要点。

其次，科学设置目标。在设定工作目标的时候，一定要根据公司的政策及上级的有关指示、规定，并结合公司的具体情况，制定可操作、可实现的工作目标。

最后，制定详细、具体的措施。所制定的措施必须是可操作的，而且要有针对性。最好能够将指标量化。例如，可以将“未来一年完成更好的业绩”换成“未来一年实现 1000 万元的营业额”。

（4）结尾

正文结束后，要对接下来的工作提出希望和要求。

（5）落款

如果工作要点的标题中没有注明发文单位，标题下面也没有注明日期，那么在全文的右下角要注明发文单位和发文日期。如果标题中已经注明发文单位和日期，就可以省略落款。

实操模板

×× 公司 ××××—×××× 年工作要点 【标题】

我们公司要始终坚持以 ×× 为指导思想，认真贯彻落实 ×× 精神。以 ×× 为基础，以 ×× 为核心，以 ×× 为重点开展工作。

【正文引导语】

为了再创佳绩，××××—×××× 年的工作要点如下：

第一，我们将全面开展（哪方面）工作……

第二，我们现在做了（哪方面）准备……

第三，我们要进一步深入（哪方面）工作，重点解决（哪方面）问题；

第四，我们将继续强化（哪方面）工作；

第五，为了认真落实以上工作要点，我们将以 ×× 为主线，以 ×× 为保障，以 ×× 为重点，全面促进 ×× 工作，认真落实每个项目。

【主体内容】

希望大家在未来的工作中一起努力……

【结尾】

××

××××年××月××日

【落款】

技巧总结

在工作要点写作中，有哪些注意事项呢？

（1）内容要具有高度的概括性，能概括某段时间内的所有工作，也能突出工作中的重点任务。

（2）对工作内容的叙述要详略得当。

（3）层次要分明，逻辑要清楚。

（4）措施要有创新性和可操作性。

（5）每个事项都必须清楚地交代具体做法。

第 6 章

讲话、发言类文书的写作技巧和实操模板

讲话、发言类文书是指在召开会议的过程中与会人员所使用的各种文书，如座谈发言稿、领导讲话稿、会议主持词、开幕词、闭幕词、欢迎词、欢送词、演讲稿等。这些文书各有特点，书写方式也比较灵活。

01 座谈发言稿的写作技巧和实操模板

组织召开座谈会的目的，一般是为了更好地加强工作指导、推动工作落实。因此，在座谈会上，相关人员需要发表自己的心得体会和建议，以推动工作的开展。

在工作中，我们经常会参加一些座谈会。这类座谈会的发言稿可以是谈心得体会、介绍经验教训的，也可以是汇报情况、陈述建议等。

除了工作，在日常生活中我们也会参加一些座谈会，也需要发表自己的感想、体会。为了更好地表达自己的感想、体会，就要写一份座谈发言稿。一份高质量的座谈发言稿不仅能够提升自我价值，还能加深他人对写作者的印象，进一步促进人际关系。

通常情况下，召开座谈会之前都会明确告知与会人员座谈会的主题、目的。为了更好地贴近主题表达符合实际的观点，写作者在写座谈发言之前要多查一些相关资料，然后在此基础上分析、研究，得出结论和自己的想法、体会等。

那么，如何写一份有价值的座谈发言稿呢？

核心概念

座谈发言稿由标题、称谓、正文引导语、主体内容、结尾和落款 6 个方面组成。

（1）标题

座谈发言稿的标题由发言者、发言会议名称、发言内容 3 个要素组成，如《×× 在 ×× 座谈会上关于 ×× 的发言稿》。当然，也可以省略发文内容，由发言者、会议名称组成，如《×× 在 ×× 座谈会上的发言稿》。

写作者可以不在标题中写明发言的内容，但是一定要体现出发言者和会议名称，以让读者明白发言稿的主题。

（2）称谓

标题下面空一行顶格写上发言对象的称谓，如“各位同事”“各位同学”等。称谓后面加上冒号。

（3）正文引导语

正文引导语，也就是我们常说的“前言”或者“开场白”。正文引导语要清楚交代发言的目的，以及你是在什么背景下发言、发言有哪些意义和价值等。需要注意的是，这些信息是为了更好地引出正文的主体内容，所以引导主体内容的句子一定不可少。

（4）主体内容

发言稿的主体内容是发言稿的核心部分。这部分内容要清楚地表达自己的想法、观点以及建议。当然，表达自己的想法、观点不是信口开河地随便乱说，而是要有一定的依据。

（5）结尾

主体内容表达结束后，可以在结尾重申自己的观点，如“我希望大家可以提高执行力，落实 ×× 项目”。当然，如果主体内容表述得非常完整，那么可以省略结尾。

（6）落款

在全文的右下角注明发言人的姓名及发言日期。

实操模板

××在××座谈会上的发言 **【标题】**

尊敬的各位领导（称谓）： **【称谓】**

很荣幸能参加今天的会议。这个会议非常有指导意义，也给了我很多启发。因为××原因，我提出以下几点建议：

【正文引导语】

一、……

二、……

三、……

……

【主体内容】

以上是我的一些建议和想法。如有不足之处，希望大家批评指正。

【结尾】

×××

××××年××月××日

【落款】

技巧总结

在发言稿的写作中，有哪些注意事项呢？

（1）在起草座谈发言稿之前，要充分掌握相关材料，在此基础上得出结论。

（2）发言的内容要紧扣主题，观点要有针对性。

（3）座谈发言稿的篇幅不宜过长，以免耽误其他人的发言时间。

（4）座谈会发言稿的语言风格要符合发言人的身份、讲话习惯等。

02 领导讲话稿的写作技巧和实操模板

领导讲话是领导参与公务活动的一种方式，是实施领导职能的重要途径之一。在实际工作中，无论是高级领导还是基层领导，都需要发表讲话。

在一般场合，领导讲话可以随意一点儿，不需要讲话稿。但是，在一些正式场合，为了确保讲话的质量，展现自己的专业能力，就必须准备一份讲话稿。一般情况下，领导公务繁忙，因此讲话稿会交给秘书或者助理来写。所以，掌握领导讲话稿的写作技巧，是每个秘书、助理以及相关人员必备的工作技能。

从某种程度上说，领导讲话稿质量的高低，决定了会议、活动或者重大项目是否能够取得成功。领导的讲话稿，不仅能够体现领导的领导水平、工作思路、决策能力以及个人魅力，还能够彰显领导的身份地位、组织协调能力、部署工作能力等。

所以，要写出一份让领导满意、让听众爱听的高质量的讲话稿并非一件容易的事情。但是，只要掌握写作规范和技巧，我们会发现写一份高质量的讲话稿并非一件办不到的事情。

在起草领导讲话稿之前，一定要把握领导讲话稿的几个要点。

要点一，层次高。

领导讲话一般不是针对某个具体问题的，而是站在全局和时代的高度，用战略性、发展性的眼光发现问题、分析问题并解决问题。所以，讲话稿内容的层次比较高。要做到这一点，就要求写作者在写领导讲话稿的时候，站在领导甚至高于领导的水平和层次去思考问题。

要点二，权威性强。

领导的身份、地位、职责给予了领导讲话很大的权威性。所以，写作者在起草领导讲话稿的时候，一定要做到科学、严谨、精准，对每一个字、每一句话、每一个重要观点都要进行反复研究、反复论证。当然，要注意把握好度，不能为了追求准确而写一些无用的废话、套话、空话。

要点三，涉及面广泛。

领导讲话的内容一般会涉及多个方面，如政治、哲学、外交、军事、法律等，因此，要求写作者知识面宽、视野广阔，能够熟悉各个领域的工作。但要注意的是，不要把所有内容都包含在讲话稿中，而是要详略得当，能够突出讲话的主旨。否则信息量过大，只会让听众把握不到重点，进而影响讲话稿的传达效果。

要点四，个性突出。

领导讲话稿最终是由领导讲出来的，所以一定要尊重并体现领导的个性。这就要求写作者在起草讲话稿之前，要充分领会领导的意图，并结合领导的个性起草。了解领导的个性，要求写作者平时要多留心，珍惜每一次与领导接触和沟通的机会，多归纳、勤总结。

核心概念

领导讲话稿一般由标题、称谓、正文引导语、主体内容和结尾 5 个方面组成。

（1）标题

领导讲话稿的标题有 3 种形式。

第一种，常规标题。常规标题由讲话人、会议名称组成，如《×× 在 ×× 会议上发表的讲话》。这种标题有时候它的下面还会注明发言日期。

第二种，正副式标题。正副式标题是指将会议主旨归纳成一句话作为主标题，然后将讲话人的姓名、会议的名称放在主标题之下。如《重点落实 ×× 工作——

××在××会议上的讲话》。

第三种，直接点明讲话主旨。如《重点落实××工作——××》。

（2）称谓

标题下空一行顶格写上讲话对象的称谓。

写称谓的时候要注意，因为会议内容不同、参会对象不同，其称谓也是不同的。例如，公司的会议，一般称谓为“各位员工”，而学术交流会的称谓为“各位学者”。

（3）正文引导语

领导讲话的开头是正文引导语，其目的是点明主旨并引出下文。

正文引导语可以采取3种方式。

第一种，原因结果式。例如，“这个项目取得了成功，主要是因为……”。

第二种，祝贺慰问式。例如，“今天非常开心能够参加这次会议。参加这次会议的主要目的是对你们取得的成就表示祝贺，也对你们辛苦的工作表示慰问”。

第三种，描写叙述环境式。例如，“今天是一个非常喜庆的日子。在这个日子里，我们突破了自己，取得了××成绩”。

（4）主体内容

讲话稿的主体内容是讲话稿的核心部分。这部分内容的质量决定着整个讲话稿的质量。

讲话稿的主体内容并没有固定的格式，要根据讲话的会议背景、讲话领导的身份以及讲话对象的身份来确定。

一般来说，讲话稿的总体结构是：提出问题—分析问题—解决问题。按照这种结构，然后根据讲话的会议背景、讲话领导的身份以及讲话对象的身份来撰写具体内容即可。

（5）结尾

讲话稿的结尾即讲话的结束语。结束语的作用是升华主题，再次激发听众的热情。写作者要想写一个高质量的结尾，可以采取以下两种形式。

第一种，自然结束，提出希望。如果主体部分已经交代得非常具体、完整，那么就可以自然结束。在正文结束之后，可以写一段鼓舞性的话，如“希望大家一起努力”之类。

第二种，总结全文，得出结论。结尾处对全文进行概括性的总结，并得出结论。如“因此，我们一定要……”。

实操模板

××在××会议上发表的讲话　　【标题】

各位员工：　　【称谓】

今天非常开心能够参加这次会议。我参加这次会议的主要目的是对你们取得的成就表示祝贺，也对你们辛苦的工作表示慰问。

【正文引导语】

一、……（提出问题）；

二、……（分析问题）；

三、……（解决问题）。

【主体内容】

希望大家一起努力……　　【结尾】

技巧总结

在讲话稿的写作中，有哪些注意事项呢？

（1）明确领导的意图，突出领导的讲话风格。

（2）材料来源要真实、准确、严谨。

（3）讲话稿的内容要符合听众的需要。

（4）讲话稿要善于运用群众的语言，要让听众能够听懂。

（5）讲话稿的内容应体现思想高度、专业深度、生活温度和情感热度，以提升讲话稿的号召力、影响力。

03 会议主持词的写作技巧和实操模板

会议主持词是一种常见的文书，是会议主持者主持会议时使用的带有指导性、引导性的文书。会议主持词是会议的附件，是为会议的主持者讲话、发言、把控流程服务的。所以，写好会议主持词是会议能够成功的关键。

不同的会议，其性质不同、内容不同，因此，会议主持词的性质和内容也不同。根据会议的性质和内容，可以将常见的会议主持词分为 3 类。

第一类，工作会议主持词。工作会议主持词是工作中最常见的一种。工作会议主持词是为了更好地推进工作会议而发表的讲话。所以，工作会议主持词的内容要包括召开会议的背景、目的、会议议程、与会人员等内容。

第二类，交流会议主持词。交流会议是专门针对某一行业领域以及某一具体讨论主题，在集中场地进行研究、讨论、交流的会议，如员工交流会。交流会议的主持词相对来说会灵活一点儿，不需过于严肃，以免破坏交流气氛。

第三类，表彰会议主持词。表彰会议，顾名思义为了鼓励先进、激励后进而召开的会议。表彰会议主持词要重点介绍表彰的具体对象。

无论是以上哪一种会议的主持词，其最终目的都是介绍会议的大致情况，并指导、引导会议顺利进行。

核心概念

一份高质量的会议主持词由标题、称谓、会议背景、会议主题、会议内容、会议的参与人员和规模、宣布会议开始、会议各项议程、总结归纳、提出希望及要求和结束语 11 个方面组成。

（1）标题

会议主持词的标题一般由会议名称组成，如《×× 动员大会主持词》。一般情况下，不需要加副标题，并力求简洁明了，是什么会议就直接写什么会议的主持词。标题下方要加上主持者的姓名，并用括号注明开会的具体时间。

（2）称谓

标题下空一行顶格写上称谓。称谓是主持者对目标听众的称呼。主持者应根据不同的会议、不同的参会人群、不同的场合选择不同的称谓。主持词的称谓一般用泛称，如“各位领导”。如果有重要的领导参加会议，要在称谓前加上“尊敬的”，以表示对领导的尊重。此外，不只是会议主持词开头的时候要有称谓，中间内容也应适当使用称谓，以起到引起听众注意的作用。

（3）会议背景

无论召开什么会议，都有其特定的背景。因此，在写会议主持词的时候要简明扼要地介绍会议的背景，让参与会议的人能够明确参加这次会议的目的和意义。介绍背景的时候，一两句话即可，具体内容会在会议内容中体现，切忌喧宾夺主。

（4）会议主题

介绍完背景后，就要准确地交代会议主题，如“今天，我们在这里隆重地举

行 ×× 项目启动会议”“大会的主题是庆祝公司 ×× 项目取得初步成功及表彰相关工作人员”。

（5）会议内容

这里的会议内容是指会议的议程，切记不是指会议中的具体内容。主持者要将会议的主要议程点传递出来，让参与会议的人清楚知道会议的大致议程，并为此做好相应准备。

（6）会议的参与人员和规模

一般情况下，介绍与会人员的时候应由上到下地介绍，即先介绍上级再介绍下级；先介绍参加会议的客人，再介绍主人。例如，“今天出席这次会议的有 ×× 部门的主要领导……”。在一一介绍完与会人员后，最好再报告一下参加此次会议的总人数。

（7）宣布会议开始

这部分的内容比较简单，可以直接写“现在我宣布，×× 会议正式开始”。

（8）会议各项议程

一场会议会有不同的议程及不同的领导发言。每一项议程结束后，主持者都要宣布下一项议程。在每一项议程开始前可以用“请大家欢迎 ××……”。一项议程结束后，可以对上一个议程的内容进行简短评价并开始下一个议程。

（9）总结归纳

在所有领导讲话结束后，主持者要简单地概括领导讲话的要点。例如“×× 领导刚才提出的……非常有价值，能够推动 ×× 项目的进行”。

（10）提出希望及要求

会议议程结束后，可以结合会议主题与领导讲话的内容，提出希望或要求。如“希望大家能够贯彻落实本次会议的精神”。

（11）结束语

宣布会议结束，并对参与会议的来宾表示感谢。例如，“本次会议圆满结束。再次感谢大家的参与。最后，祝各位……”。

实操模板

××会议主持词 **【标题】**

各位领导： **【称谓】**

因为……我们召开了××会议。 **【会议背景】**

会议的主题是…… **【会议主题】**

会议的主要内容是…… **【会议内容】**

此次参加会议的有…… **【会议的参与人员和规模】**

现在我宣布，××会议正式开始。

【宣布会议开始】

今天的会议共有3项议程。

第一项议程：……

第二项议程：……

第三项议程：……

下面，我们开始第一项议程……

【会议各项议程】

××领导刚才提出的……非常有价值，能够推动××项目的进行……

【总结归纳】

希望大家能够贯彻落实本次会议的精神……

【提出希望以及要求】

感谢大家参加本次会议。 **【结束语】**

技巧总结

在会议主持词写作中，要注意哪些事项呢？

（1）在起草会议主持词之前，要认真了解会议的主题、议程，认真策划。

（2）要有条理地将整个会议串起来。

（3）要注意礼貌、礼节，对与会人员的称谓要恰当。

（4）介绍与会人员时要注意顺序，以示对对方的尊重。

（5）语言要简明扼要，不能哗众取宠。

04 开幕词、闭幕词的写作技巧和实操模板

开幕词是指在大型会议开始时，由组织召开会议的单位的主要领导向大会全体代表发表的讲话。闭幕词是指会议结束时由主要领导向全体与会人员所做的总结性讲话。

开幕词和闭幕词是工作中常用的应用文体。因此，掌握开幕词和闭幕词的写作技巧也是工作中必备的技能。

（1）开幕词的写作技巧和实操模板

开幕词的主要内容是阐述会议的指导思想、宗旨、重要意义，向与会人员提出会议的相关要求，或对会议成功表示美好的祝愿。开幕词短小明快、带有提示性，富有鼓励性。

不同内容、性质的会议，其开幕词也不同。按照会议的内容和性质，可以将开幕词分为两大类。

第一类，侧重性开幕词。侧重性开幕词往往是对会议召开的历史背景、目的、重大意义或者会议的中心议题做侧重阐述，其他问题则可以简单带过。这种开幕

词适用于重大会议。

第二类，一般性开幕词。一般性开幕词只对会议的目的、议程、基本精神、来宾等做简要介绍。这种开幕词适用于一般的活动、晚会等。

从开幕词的定义及分类来看，似乎与主持词没有太大的区别。虽然开幕词和主持词在具体写法上很相似，但是二者作为不同的文书，仍然存在一定的区别。二者之间主要有两点区别。

第一，主持词比开幕词的使用范围更广。几乎所有的会议以及活动都有主持词，只是复杂与简单的差别，但不是所有的活动都有开幕词。通常来说，只有大型的会议和活动有开幕词，如公司年会等。在会议上以及活动中，使用开幕词能够显得会议和活动更加庄严、隆重。

第二，在使用功能上，主持词可以代替开幕词，但是开幕词不能代替主持词。因为开幕词有时候不具备推动会议以及活动进程这一功能。这也是主持词与开幕词之间最大的区别。

核心概念

开幕词一般包括标题、称谓、正文引导语、会议的主要内容、对与会人员提出要求和希望 5 个方面。

① 标题

开幕词的标题有 3 种方式。

第一种由会议名称构成，如《×× 公司年终总结大会开幕词》。

第二种由致辞人姓名、会议名称组成，如《×× 在 ×× 会议上的开幕词》。

第三种是将“开幕词”换一种说法，写作“开幕会上的致辞”，如《×× 在 ×× 会议开幕会上的致辞》。

致开幕词的时间要加括号，标注在标题的正下方，也可以不写。

② 称谓

称谓是对与会人员的统称。开幕词的称谓一般根据会议以及活动的性质和与会人员的身份确定。例如，如果是国际会议，可以称呼“女士们 / 先生们”。称谓后面加上冒号。

③ 正文引导语

开幕词的开头也是正文引导语。开幕词的引导语一般包含以下 4 点内容。

第一，宣布大会开幕。最简单的方式就是直接说“×× 会议现在正式开始”。当然，也可以适当变通，如“今天 ×× 会议在 ×× 隆重召开，很高兴大家能参加这次会议”。

第二，交代会议的背景、目的。这部分内容要详细交代会议是在什么形势下召开的，其目的是什么。

第三，介绍大会规模及参与会议的相关人员。一般开幕词没有这部分的内容，但有些开幕词也有这部分的内容，主要是介绍大会的规模和重要的参会人员，如“本次大会共有 ×× 人参加，主要代表有 ×× 人，他们分别来自 ××”。

第四，对大会的召开表示祝贺，对与会人员表示热烈的欢迎。

④ 会议的主要内容

这部分内容是会议的核心部分，主要包括以下两个方面的内容。

第一，阐述会议的重要意义。阐述会议的意义要清楚地说明会议要解决的问题是什么，这个问题的现实价值如何，问题是否紧急，会议最终将达到什么样的目的等。

第二，阐述会议的指导思想，说明会议的主要议程。会议的主要议程也就是会议的流程，目的是让与会人员大致了解整个会议的关键内容，如“本次大会的主要议程有 5 项……”。

⑤ 对与会人员提出要求和希望

主要内容阐述完毕后，可以对与会人员提出要求和希望。如“希望大家认真聆听本次会议的内容，并积极落实会议的精神”。

正文的最后，要用鼓励性的语言发出号召以及祝愿，如“预祝大会取得圆满成功”。

实操模板

在 ×× 会议上的开幕词　　【标题】

各位领导：　　【称谓】

大家好！由 ×× 主办的 ×× 会议今天在这里正式开幕。我代表 ××，对前来参加会议的 ××、××、××、××……表示热烈的欢迎。

【正文引导语】

本次会议……

【会议的主要内容】

最后，预祝 ×× 会议圆满成功，感谢大家！

【对与会人员提出要求和希望】

技巧总结

在开幕词写作中，有哪些注意事项呢？

（1）开幕词的撰写者要深入了解大会的相关情况。

（2）开幕词的篇幅不宜过长，避免喧宾夺主。

（3）措辞要得当，要简短明快。

（4）适当运用富有号召性、能够激发参会者热情的话语。

（5）语言要求口语化，富有感情色彩。

（2）闭幕词

闭幕词与开幕词是相对应的。一般重大的会议以及活动有开幕词，对应的也会有闭幕词。这是一道必不可少的程序，标志着整个会议以及活动的结束。闭幕词的主要内容是对会议进行概括性的评价和总结，并向与会人员提出贯彻落实大会精神的要求，向与会人员提出奋斗目标和希望。

闭幕词具有概括性明显、号召性强及口语化等特点。

① 概括性

闭幕词是在会议以及活动结束的时候使用的文书，要对会议以及活动内容进行回顾、总结并做出恰当的评价。因此，闭幕词具有明显的概括性。

② 号召性

会议以及活动结束后，为了号召全体成员为实现会议提出的任务和目标而奋斗，激发大家的热情，闭幕词应当富有号召性。

③ 总结性

会议以及活动结束后，主持人应对会议的进展情况、完成的议题、取得的成果、提出的会议精神、会议的意义和价值进行高度的总结。因此，闭幕词的篇幅一般较短，语言简洁明了。

④ 口语化

闭幕词不宜使用严肃的语言表达，应当使用合适的口头语表达。这一是通俗易懂，便于听众理解；二是更能传递情感，激发听众的热情。

核心概念

闭幕词一般包括标题、称谓、正文引导语、主体内容和结语 5 个方面。

① 标题

闭幕词标题的写法与开幕词的类似，只要将“开幕词”改成“闭幕词”即可。

② 称谓

闭幕词的称谓和开幕词的称谓一致。称谓后面加上冒号。

③ 正文引导语

闭幕词的正文引导语与开幕词的正文引导语不同。闭幕词的正文引导语要交代会议在什么情况下圆满结束以及胜利闭幕，对与会人员的努力表示肯定，并对会议的收获、作用、意义等做出评价。

④ 主体内容

主体内容是闭幕词的核心部分，主要包括两个方面。

第一，对会议通过的重要决议、完成的主要任务以及会议的基本精神进行概括。

第二，向与会人员提出贯彻会议的决议、精神的要求。这方面的内容要富有号召力。

⑤ 结语

主体内容结束后，可以写一段结语，表达祝愿。如“祝大家工作蒸蒸日上”。

实操模板

在 ×× 会议上的闭幕词　　【标题】

各位领导：　　【称谓】

××会议，经过全体与会人员的共同努力，成功地完成了大会预定的各项任务，本次会议就要结束了。

【正文引导语】

我们这次会议，认真执行了××规定……

我们这次会议，经过××，取得了……

……

同志们！到此，大会的各项议程全部进行完毕。现在，我宣布××会议胜利闭幕。

【主体内容】

最后，祝大家工作顺利，家庭美满。　　【结语】

技巧总结

在闭幕词写作中，有哪些注意事项呢?

（1）对会议内容进行高度概括和总结，篇幅不宜过长。

（2）讲话要带有情感、给人激励，让与会人员充满期待。

（3）如果会议中已经有会议总结，闭幕词就可以省略。

05 欢迎词、欢送词的写作技巧和实操模板

欢迎词和欢送词统称为“迎送词”，是用以对来宾表示欢迎、欢送的文书。欢迎词、欢送词都用于有主宾关系的社交场合，而且很多时候是在一定的仪式上，需要当众演说。因此，对经常出入社交场合的人来说，掌握欢迎词和欢送词的写作技巧十分必要。

（1）欢迎词的写作技巧和实操模板

欢迎词是客人应邀参加活动，主人为欢迎客人参加活动而发表的礼仪文书。

在市场经济不断发展的大背景下，很多单位、团体和个人为了提升形象、扩大知名度及影响力、招商引资、促进发展，经常会举办不同形式和规模的会议以及活动。按照正常的程序、惯例，在会议以及活动的开幕式上，东道主会对前来参加会议以及活动的宾客致一份表示热情的欢迎词。

不同的会议或活动，规模不同、内容不同、与会人员不同，因此欢迎词也有所不同。

根据欢迎词的性质，可以将欢迎词分为两大类。

第一类，私人场合的欢迎词。私人场合的欢迎词一般是指大型的宴会、茶话

会、聚会、生日会、座谈会、舞会、讨论会等场合使用的欢迎词。一般在活动开始前，由举办方以及活动发起者发表欢迎词。这类欢迎词的用语、措辞比较灵活、有个性。

第二类，公事往来的欢迎词。公事往来的欢迎词一般是在正式的、较为庄重的公共场合中使用的。例如，某重大会议，以及重要领导莅临指导的会议和活动。这种场合的欢迎词一般要事先准备好且用词、语气一定要正式、严肃。

无论是哪种场合的欢迎词，其本质都是欢迎来参加会议以及活动的每一个人。

核心概念 |

欢迎词一般包括标题、称谓、自我介绍并向来宾表示欢迎、介绍活动的内容和再次表示欢迎 5 个方面。

① 标题

欢迎词的标题一般直接在第一行正中间写“欢迎词”3 个字即可。当然，也可以在“欢迎词”前面加上活动的内容，如“导游欢迎词”。

② 称谓

欢迎词的称谓有两种形式。一种是泛称，如“女士们 / 先生们”“朋友们”；另一种是专称，即要在嘉宾的前面加上职务、头衔和表示尊敬的词语，如“各位医生”“各位学者”。称谓后面加上冒号。

③ 自我介绍并向来宾表示欢迎

欢迎词的正文部分，首先要进行自我介绍，如导游欢迎词的自我介绍“大家好，我是张 ××，大家可以叫我小张或者张导。我代表 ×× 旅行社对大家的到来表示热烈欢迎”。

④ 介绍活动的内容

这部分内容要简明扼要地介绍本次活动的相关情况，或者指出来宾到访的意义。如生日会上，可以说“今天生日会的大致内容是……你们的到来让我的生日变得更有意义”。

⑤ 再次表示欢迎

欢迎词的结尾要再次对来宾表示欢迎，并表达自己的美好祝愿。如“再次对大家的到来表示欢迎，也祝大家今天玩得愉快”。

实操模板

×× 欢迎词 【标题】

尊敬的女士们 / 先生们： 【称谓】

值此 ×× 之际，请允许我代表 ×× 对大家的到来表示热烈欢迎！

【自我介绍并向来宾表示欢迎】

朋友们不远万里赶来参加这次活动，为 ×× 增添了更多的色彩。下面，我介绍一下活动的内容。

……

【介绍活动的内容】

在此，我对在场的各位再次表示热烈的欢迎，并希望……

谢谢大家！

【再次表示欢迎】

技巧总结

在欢迎词写作中，有哪些注意事项呢？

（1）要充分了解对方的身份和职位；一旦弄错，会让对方产生反感心理。

（2）言辞中要表示尊敬，但是不能给人以卑躬屈膝的感觉。

（3）欢迎词要注入情感，要让对方感受到你的诚意。

（2）欢送词的写作技巧和实操模板

欢送词是主人对宾客的离开表示欢送的礼仪文书。

欢送词与欢迎词除了使用时间和场合不同外，其他并无本质上的差别。所以，写作要求大致是相同的。欢送词是依依惜别的情景，因此不能像欢迎词一样热情洋溢。但是，情绪也不能过于低沉，要力求营造一种温馨、轻松、温暖的氛围。

核心概念

欢送词一般包括标题、称谓、背景内容、回顾活动的情况并说明取得的结果和表示欢送 5 个方面。

① 标题

欢送词的标题的写法与欢迎词的类似，只要将“欢迎词”改成“欢送词”即可。

② 称谓

欢送词的称谓和欢迎词的称谓一致。称谓后面加上冒号。

③ 背景内容

说明写作欢送词的背景。如“×× 活动圆满成功，我们的欢聚也将告一段落”。

④ 回顾活动的情况并说明取得的结果

如“我们相聚了三天，在这三天里，我们不仅学会了……还成为朋友，这次活动让我……”，等等。

⑤ 表示欢送

如“天下没有不散的筵席。祝大家工作顺利、身体健康！”等。

实操模板

欢送词 【标题】

尊敬的女士们/先生们： 【称谓】

首先，我代表 ×× 对本次活动取得圆满成功表示热烈祝贺。

【背景内容】

……

【回顾活动的情况并说明取得的结果】

一周前，我们刚开始相聚，转眼就到了分别的时候。这一周我们……

中国有句古话说“天下没有不散的筵席”。希望以后有机会我们还能相聚一堂。

最后，祝大家身体健康、万事如意！

【表示欢送】

技巧总结

在欢送词写作中，有哪些注意事项呢？

（1）要尊重对方的风俗习惯，切忌触碰对方的禁忌。

（2）篇幅要简短。

（3）欢送词要表达不舍之情，但是不要过于沉重。

（4）欢送词不要过于客套，要真实表达自己的情感。

06 演讲稿的写作技巧和实操模板

演讲稿是指在较为隆重的仪式或某些重要的场合发表的讲话文稿。演讲稿是演讲的依据，是对演讲内容和形式的规范和提示，是演讲者必不可少的“武器”。

演讲稿可以用来交流思想、观点、情感，也可以用来分享工作情况、学习经验。演讲稿具有号召性、宣传性、教育性等作用。它能够将演讲者的观点、思想情感更生动、形象地传递给听众，进而使他们更加信服演讲者。

在职场中，常见的演讲稿有两大类。

第一类，学术类演讲稿。

学术类演讲稿用来分享自己的学术研究成果，传播交流知识、学术见解等。随着科学事业不断发展和国家对教育的重视，国内外的学术活动也与日俱增。现在不仅是专业科学技术工作人员需要参加各种各样的学术活动，一些企业的领导也要经常参加学术活动，进行学术演讲。所以，学术演讲在工作上的应用范围也比较广。

写作者在写学术类演讲稿的时候，应注意以下几点。

第一，明确"学术性"的概念。这里的"学术性"是指讨论的问题是科学性的，而不是社会性的。此外，"学术性"是对某一学科的问题或现象进行系统的剖析，最终目的是揭示事物发展的本质和规律。

第二，学术演讲一定要有自己独特的观点和最新的发现，而不是把前人已经阐述过的知识再讲一遍。

第三，尽量做到通俗易懂。学术演讲本身就会涉及很强的专业知识，所以经常会出现一些让听众难以理解的专业术语，进而会给听众造成理解上的困扰，影响传播效果。所以，写作者在写学术类演讲稿的时候要尽量减少专业术语，或者对某些专业术语进行必要的注解。

第二类，思想教育类演讲稿。

我们常见的一些主题演讲、演讲会和演讲比赛，就属于思想教育类演讲。这类演讲稿的目的是针对人们现实生活中的思想问题和状态，以有力的证据、真切的情感来引导听众树立正确的人生观、价值观、世界观，激励听众为事业和理想不断努力。

写作者在写这类演讲稿的时候，要注意以下几点。

第一，时代性。这类演讲稿大多涉及生活中的问题，因此时代气息比较浓。所以，在写这类演讲稿的时候，一定要把握时代精神，了解新事物、新风貌、新思想。

第二，引导性。思想教育类演讲稿的最终目的是引导大家树立正确的生活观念。所以，写作者一定要站在更高的层面，通过大量事实论证自己的观点，感染和号召听众。

第三，生动性。这类演讲稿的主要表达方式是“动之以情，晓之以理”，而不是把自己的观点强加给听众。所以，在写这类演讲稿的时候一定要生动、热情、打动听众，让他们开始觉悟，并接受演讲者的观点。

以上几种是我们常见的演讲。实际上无论是哪一种演讲，都是在表达观点，传递知识和观念。

核心概念

一份合格的演讲稿大致包含开场白、主体内容和结尾 3 个方面。

（1）开场白

一个优秀的演讲者，当他站上演讲台说第一句话的时候，就能够牢牢地抓住听众的心。所以说，演讲稿能否写好，关键要看开场白是否吸引听众，能否抓住听众的心。

要写出一篇有吸引力的开场白，可以采取以下 3 种方式。

第一种，以提问开头。以提问开头的开场白形式，其实就是以听众为核心。这个时候，听众会感觉到自己被重视，而且提出问题、回答问题本身就是人的一种本能。因此，这种开场白的形式能够吸引听众。例如，一个关于健康知识讲座的演讲，在开头的时候提问听众：“你们愿意增加 10 年的寿命吗？”大家不仅积极回答，而且迫不及待地想知道怎么做，进而会很认真地聆听接下来的演讲内容。

第二种，讲故事。人天生喜欢听故事。生动的故事能够引发听众的共鸣，让他们饶有兴致地听下去。因此，演讲之前可以想一个与主题相关的故事，然后用故事开场，引燃全场。

第三种，给大家展示“实物”。这种方式本质上就是让大家猜猜你“葫芦里卖的什么药”，以引起大家的注意。例如，你可以给大家播放一段与主题相关的视频，然后问问大家的看法。

（2）主体内容

演讲稿的主体内容要围绕演讲主题有序展开，且要做到论点鲜明、论据充实、突出重点、详略得当。

一般来说，演讲稿的主体内容有 3 种呈现形式。

第一种，并列式。并列式是指围绕演讲的中心论点，从不同的角度进行阐述，各个论点都指向中心论点，它们的关系是并列的。

第二种，递进式。递进式是指从表面入手，然后运用层层递进的方法，最终揭示主题的深刻意义。

第三种，并列、递进结合。这种结构是并列中有递进，递进中有并列，能够将观点表述得更加鲜明。但是采取这种方式一定要分清论点之间的逻辑关系，避免逻辑混淆，给听众造成理解障碍。

在确定好结构形式后，下一步是认真组织材料。选择的材料是否合适，决定了演讲稿质量的高低。关于如何选择材料，大家可以参考本书提到的技巧。

（3）结尾

演讲稿的结尾要让听众有豁然开朗、意犹未尽的感觉。

演讲稿的结尾可以采取以下 4 种方式。

第一种，首尾呼应。即有头有尾，能让整个文章融会贯通。

第二种，点题示意。指在结尾点名主题，让听众豁然开朗。

第三种，提出展望或号召。例如，“希望大家都团结起来，共同对抗这次灾难”。

第四种，总结概括。即对演讲稿进行高度的总结和概括，并在此基础上升华文章主题。

实操模板

演讲稿

尊敬的 ××：

首先，非常感谢 ×× 给我这次演讲的机会。我是 ××……

在演讲开始前，我先给大家播放一段视频。

（视频结束后）请问大家看完这段视频后有什么想法?

……（听众回答）。

对，×× 说的没错。这也是我们今天的主题。

我们今天的主题是：××

【开场白】

第一点：……

第二点：……

……

【主体内容】

就像视频中呈现的一样，我希望今后……

最后，感谢大家来听我的演说，祝大家工作顺利，家庭幸福！

【结尾】

技巧总结

在演讲稿写作中，有哪些注意事项呢？

（1）首先要了解听众的需求，这样才能“对症下药”吸引听众，说服听众。

（2）演讲稿的语言要尽量口语化。

（3）要尽量使用短句。

（4）语言一定要通俗易懂，且富有一定的幽默感。

（5）要善用比喻或类比的方式。

（6）要学会用名言警句。

第7章

会议、简报类文书的写作技巧和实操模板

会议类文书是围绕一个会议使用的、直接反映会议精神并为会议服务的有特定格式的文字材料的总称。工作中常见的会议类文书有会议通知、会议方案、会议记录和会议纪要。工作简报是反映工作动态和进展情况的一种文书。

01 会议通知的写作技巧和实操模板

会议通知是上级对下级、平行部门之间部署工作、传达事情和召开会议等所使用的文书。

工作中常见的会议通知有周期性的工作会议、项目会议、产品发布会等的通知。会议通知一般是在会议基本准备就绪后，为便于与会人员提前做好参会准备而发出的通知。

会议通知通常有两种形式：一种是口头通知，另一种是书面通知。一般性质的工作会议口头通知即可；较为正式、庄重的会议及出席人数比较多、规模比较大的会议，宜发书面通知。

发布书面通知有两种方式。

第一种，以布告的形式张贴展示，把召开会议的信息通知有关人员。因为群体比较固定，所以一般这样的会议通知不用写称谓，如《工作会议通知》。

第二种，以书信或邮件的形式发出，让与会人员了解会议的相关情况，并做好相关准备。如果事情比较重要、紧急，还可以在会议通知中注明具体要求，如“××务必参加这次会议”。

无论是以上哪种形式，会议通知的主要内容都是相同的。

核心概念

一份合格的会议通知包括标题、主送单位、会议的目的、主要议题、到会人员、会议报到的时间和地点、会议相关资料及落款8个方面。

（1）标题

会议通知的标题一般由发文单位、事由两个部分组成。如《××公司关于××会议的通知》。一般小型会议的通知，在正文上方中间写“通知”即可。

（2）主送单位

主送单位即会议通知的受文对象。会议的受文对象需要根据实际情况来定。受文对象可能只有一个，也可能有很多部门、个人。当然，如果受文对象比较广，可以直接省去或使用泛称，如“各位同事”。

（3）会议的目的

会议通知的正文部分，首先要清楚地交代会议的目的。如“为了提高销售部下个月的业绩，我们特召开这次会议”。交代会议的目的的时候，语言要简明扼要，一两句话即可。

（4）主要议题

会议的主要议题是指这次会议主要讨论和解决什么问题，以什么方式进行。目的是让与会人员提前知道会议的大概内容及要做哪些准备。这部分也是会议通知的核心内容，原则上越具体详细越好，但也要避免句式复杂、表达啰唆。

（5）到会人员

清楚交代即将到会的人员，一来是表示对到会人员的尊重，二来可以吸引更多的相关人员参加会议。

（6）会议报到的时间和地点

会议的大致内容介绍完后，还要告知到会人员会议报到的准确时间和地点。这一项非常重要。一旦漏掉或交代得不清楚，会议通知就失去了价值。所以，写作者一定要重视这一点。

会议的时间一定要具体到 ×××× 年 ×× 月 ×× 日 ×× 时，地点也要具体到 ×× 号 ×× 室。此外，还可以注明注意事项，如“各市参会人员限驾车两辆”等。

（7）会议相关资料

如果需要提前准备相关资料，一定要在会议通知的最后再次提醒到会人员提前准备好，并在参会时携带。如“请带好 ××”。

（8）落款

在正文右下方写上发文单位的名称，并在署名下写上发文日期。会议通知的落款一般是集体名称或办公室名称，如“×× 公司总经理办”。

实操模板

关于 ×× 大会的通知　【标题】

××：　【主送单位】

为了更好地总结工作经验，规划下半年的工作，×× 依据 ××，现就召开年度工作总结大会的有关事宜通知如下：　【会议的目的】

会议议程……　【主要议题】

到会人员……　【到会人员】

会议的时间和地点……　【会议报到的时间和地点】

会议相关要求……　【会议相关资料】

各部门在接到通知后要精心做好准备，务必于 ×××× 年 ×× 月 ×× 日前将相关资料报送 ××，并于 ×× 月 ×× 日上午 ×× 时准时到达会场参会。

×××

×××× 年 ×× 月 ×× 日

【落款】

技巧总结

在会议通知写作中，有哪些注意事项呢？

（1）召开会议的目的、缘由一定要讲清楚。

（2）会议的时间和地点一定要交代清楚、准确，避免出现让人误解的情况。

（3）如果发布的是规章制度类的通知，要将制度的名称纳入标题中，并加上书名号。

（4）明确参会人员需要准备的事项。

02 会议方案的写作技巧和实操模板

会议方案是指在会议召开前对构成会议的各个要素做出系统而周密安排的会议文书，属于计划类文书。一般情况下，大中型会议需要写会议方案，小型会议可以省略这一步。

制定好会议方案，相当于在会议召开之前对会议的目的、规模、时间、地点、内容、议程、会议文件、会议经费等要素进行周密的安排。会议方案具有指导性、多样性、针对性、规划性等特点。所以，一份高质量的会议方案，将大大提升会议的效率。

不同的会议，其内容、性质不同，会议方案也不同。

按照会议的性质，可以将会议方案分为三大类。

第一类，工作会议方案。工作会议方案在我们的工作中经常遇到。公司或部门要召开某个会议的时候，领导往往会安排助理及相关人员撰写一份完善的工作会议方案。工作会议方案要针对会议的背景、目的、意义等撰写，在程序和规范上的要求不是十分严格。

第二类，代表会议方案。代表会议通常是比较正式、庄重，参与人员比较多的会议，而且会议的召开时间比较长，意义重大。所以，相对工作会议方案，代表会议的方案在程序和规范上要求比较严格。而且不同级别的代表会议，其方案要求也不同。所以，这类会议方案比较复杂，对写作者来说是一个比较艰巨的任务。

第三类，表彰奖励性会议方案。表彰奖励性会议方案，顾名思义是为了对某个人或某个团体所取得的成就进行表彰而撰写的会议方案。这些会议方案涉及奖品、奖项之类，所以会议方案中一定要明确交代财务和物资的准备及分配问题，避免会议召开的时候出现问题。

无论以上哪种方案，都是为了对整个会议进行周密的规划安排，并指导会议顺利进行。

核心概念 |

一份高质量的会议方案一般由标题、主送单位、正文引导语、主体内容、结尾和落款 6 个部分组成。

（1）标题

会议方案的标题一般由召开单位、事由（会议名称）组成，如《××旅行社关于出境旅游说明会的会议方案》。当然，也可以省去召开单位，直接写事由，如《关于出境旅游说明会的会议方案》。

（2）主送单位

因为会议方案属于计划类文书，在成文后一般要向上级请示核准或让下级知晓，所以标题下方还要注明主送单位。要送上级批示，就写送达上级的名称；要让下级知晓，是发给与会部门或个人的，就写部门或个人的名称。

（3）正文引导语

会议方案的开头是正文引导语。引导语要写明开会的原因、目的、单位、会议名称、会议时间、地点、会期等。

（4）主体内容

会议方案的主体内容是会议方案的核心部分。这部分内容要详细地交代会议的宗旨、规模、议程、形式、组织机构等相关的会议准备情况。简单来说，这部分内容要介绍本次会议的主要目标、采取哪些行动实现目标、具体实施方案等。

（5）结尾

会议方案的结尾要根据会议的性质而定。一般可以用类似请示报告的结语，如“以上方案当否，请批示”。

（6）落款

如果是上级的指导性方案，一般直接在标题下添加括号，在括号中写上日期，发文单位在标题中直接标明，不需要另外落款。一般性质的会议方案就要在整体方案的右下角写上署名和日期。

实操模板

关于××会议的方案　　【标题】

××：　　【主送单位】

为了进一步贯彻落实××，我公司决定于××××年××月××日，在×××召开××会议，特制定方案如下：　　【正文引导语】

会议宗旨……

与会人员……

会议议程……

会议准备工作……

会议要求……

【主体内容】

以上方案当否，请批示。

【结尾】

×××

××××年××月××日

【落款】

技巧总结

在会议方案的写作中，有哪些注意事项呢？

（1）制定的会议方案一定要科学合理。

（2）会议的相关措施和流程要详细、具体和可操作。

（3）会议中难免会出现一些突发情况，在确定会议内容时还要提前备好B计划。

03 会议记录的写作技巧和实操模板

会议记录是指在会议过程中，如实将会议的基本情况、议程、报告、发言、讲话、决定、决议及各方面的意见等内容记录下来的一种文书。在日常工作中，只要有会议召开，相关人员就需要做好会议记录。会议记录的写作技巧是每个职场人士都要具备的技能。

在日常工作中，常见的会议记录有以下两类。

第一类，办公会议记录。办公会议记录一般是记录企业对重要的工作任务及项目进行谈论、研究、决议等事项的一种文书。

办公会议记录又分为两种。

第一种，例行办公会议记录。例行办公会议记录是记录工作中定期及不定期召开的会议情况及决议事项等的一种文书。

第二种，现场会议记录。现场会议记录是记录为了解决某个重大问题而召集有关人员到现场研究、决议事项及协商的结果的一种文书。

第二类，专题会议记录。专题会议记录是指有针对性地记录座谈会、专题研讨会、学术交流会等会议的研究情况与成果的一种文书。这类会议的特点是主题比较集中，大家的观点比较分散。所以，写作者在写会议记录的时候，要学会将不同的观点和意见归纳记录下来。

无论是以上哪一类会议记录，目的都是如实反映会议的基本情况。这是会议记录的特点。具体来说，会议记录有 3 个非常显著的特点。

特点一，备考性。会议记录主要是为了向上汇报或向下通报情况，必要时可作查阅之用，所以具有备考性。

特点二，综合性。会议记录是对整个会议的基本情况、与会人员的发言及相关情况进行概括、总结，所以它具有综合性的特点。

特点三，指导性。会议记录属于会议的一部分，其本身就具有一定的权威性。此外，会议记录反映的是会议的主要精神、会议结果和决议事项，所以具备一定的指导性，而且会议记录还可以作为向领导汇报或者向下传递信息的重要文字依据。

因为会议记录要综合、完整地记录会议的基本情况，并要作为向上或向下传递信息的重要依据，所以很多写作者会非常认真、仔细地从头到尾把所有内容完整地记录下来，甚至领导讲话中的感叹词都会记录下来。实际上，会议记录并不需要这么做。

会议记录的“记”要有详略之分。略记指记录会议上的重要和主要言论，而详记则要求记录的项目必须是完整的，言论也要完整。这仅靠手写记录有一定的难度，因此写作者可以借助记录工具，如录音笔等进行录音，会议结束后再对这些资料进行整理，完成会议记录的撰写。

具体来说，在写会议记录的时候，应当掌握以下几个技巧。

第一，速记。字可以写得小一点儿、轻一点儿，可以写连笔字，以确保快速记下会议内容。当然，前提是自己可以认清这些字。

第二，记重要的内容。会议记录要围绕会议议题、领导发言的中心思想，以及不同的观点、争议的问题、结论性意见、决议事项等方面进行记录。如果是记录某个与会人员的发言，就要重点记录其发言的中心思想、论据和最终结论，不必完整记录其论证的过程。

第三，学会正确使用省略法。会议记录的关键是详略得当。所以，在可以省略的地方一定要省略，如可以使用简称、统称等，或者可以删掉较长的俗语、成语等。

第四，学会用简单的写法代替复杂的写法。例如，可以用某个领导的姓替代全名，或者用汉语拼音替代生僻字或难写的字等。

采取以上 4 种方法，可以更快速、更完整地记录会议的内容。但是，做到这一步的会议记录还只能算一份材料，不能作为一份正式的会议记录传递给上级或下级。所以，写作者还需要对这份材料进行整理、完善，并用规范的格式撰写出来。

核心概念

会议记录一般由标题、会议的基本情况、会议内容和结尾 4 个方面组成。

（1）标题

会议记录的标题一般由会议名称、事由两部分构成，如《有关 ×× 的 ×× 会议记录》。

（2）会议的基本情况

会议的基本情况包括以下两部分内容。

第一，会议的名称、时间和地点。

第二，详细记下会议主持人的信息，出席会议应到和实到人数，缺席、迟到及早退的人数及姓名、职务，记录人等相关信息。

（3）会议内容

会议内容是会议记录的核心部分。这部分内容主要包括会议议题、会议议程、会议发言内容、会议决议等相关内容。在对会议发言进行记录的时候，要尽可能详细地记录发言动态及一些重要的情况。对重要人物的发言，要尽可能记下其发言的全部内容。此外，对会议中决议的记录要单独成段，清楚记录。

会议内容是了解会议意图的主要依据，可以留存日后备查。

（4）结尾

会议记录的结尾并没有特定的格式。一般情况下，可以直接写“散会”二字。当然，也可以自然结束，省去结尾。

实操模板

××会议记录　　【标题】

会议名称：

时间：　　地点：

会议主持人：

应出席人数：

实出席人数：

缺席、迟到以及早退的人数及姓名、职务：

记录人：

【会议的基本情况】

会议内容：

一、……

二、……

三、……

……

【会议内容】

散会。

【结尾】

技巧总结

在会议记录的写作中，有哪些注意事项呢？

（1）会议记录要能够真实反映会议的情况，一定要客观、真实地记录，不能掺杂任何个人情感。

（2）会议记录要确保完整，以便日后查询。

（3）由于记录人的手写速度没有讲话人的语速快，因此记录的时候可以采用一些辅助设备。

（4）记录某个与会人员的发言时，一定要把该人员的名字写在记录的信息前面，以免混淆信息。

（5）与会人员发言中涉及决议、观点等，要重点、详细地记录。

04 会议纪要的写作技巧和实操模板

会议纪要是在会议记录的基础上加工、整理出来的一种介绍性和记叙性的文件，是记载和传达会议情况及议定事项时所使用的一种文书。会议纪要属于下行文，其主要目的是集中、综合地反映会议的主要议定事项，起具体指导和规范的作用。

在日常工作中，我们常见的会议纪要有以下几种。

第一种，工作会议纪要。工作会议纪要是我们工作中最常涉及的会议纪要。工作会议纪要主要用于记载和传达会议的主要精神及决议事项，对后期的工作有很强的指导性。

第二种，办公会议纪要。办公会议纪要主要用来记载和传达领导的办公会议决议事项。如果这项会议涉及一些人，就需要将这份纪要传达给他们，并要求他们严格按照会议纪要执行。

第三种，研讨会议纪要。研讨会议纪要主要记载研讨的结果及相关情况。这类会议纪要的写作要求全面、客观，既要记录较统一的意见和观点，也要记录不同的意见和想法。

第四种，协调会议纪要。协调会议纪要用来记载协调会议所达成的共识及决议事项。对协调的双方来说，协调会议纪要具有一定的约束性。

不少人容易将会议记录与会议纪要混淆。因此，这里要强调一下两者之间的区别。两者之间的区别主要体现在以下几点。

第一，性质不同。会议记录是会议的实录，属于实务文书，而会议纪要记录会议的要点，是行政文书。

第二，功能不同。会议记录一般不会被公开，不会被传阅，只做资料存档备查。

而会议纪要通常要在一定范围内传阅，要让与会人员或相关人员落实会议内容。

第三，称谓用语不同。会议纪要通常采用第三人称的写法，以介绍和叙述情况为主。会议记录通常是发言者怎么说就怎么记，贵在真实记录，体现资料的原始性。

除了与会议记录存在以上几点不同之外，会议纪要也有其独特的性质。会议纪要有三大特点。

特点一，纪实性。纪实性指会议纪要必须是会议宗旨、会议基本精神和所决定事项的概要纪实。对这些内容不能随意更改和增减，更不能有任何不真实的材料。

特点二，条理性。条理性指会议纪要要按照一定的层次对会议的内容进行归纳、概括。

特点三，概括性。概括性指会议纪要要以简洁明了的文字概括会议的内容和结论。

明确了会议纪要的内容、性质及特点后，如何才能撰写一份合格的会议纪要呢？

核心概念

会议纪要一般包括标题、前言和主体内容 3 个方面。

（1）标题

会议纪要的标题有两种形式：一种是由会议名称构成，如《× × 会议纪要》；另一种是由发文单位、会议名称构成，如《× × 公司关于 × × 会议纪要》。

（2）前言

会议纪要的前言即会议纪要的开头，要简明扼要地交代会议的名称、时间、会议主持人、与会人员、主要议程、会议形式和会议的主要成果等相关内容。

前言的结尾处，可以用“现将会议主要精神纪要如下”或“现在将这次会议研究的几个问题纪要如下”等语句引入主体内容。

一般来说，前言部分的内容可以采取两种写作方式。

第一种，平列式。平列式是指将会议的名称、时间、地点、与会人员、会议主持人等内容依次分条列出来。这种方式适用于小型的会议。

第二种，鱼贯式。鱼贯式是指用简短的内容对会议的大致情况进行概括性的描述，让受文对象看到前言就能基本了解会议的内容。这种方式适用于大中型会议。

前言主要是为了简明扼要地介绍会议的大致情况，因此无论采取以上哪种方式，用语都要精练、简洁明了。

（3）主体内容

主体内容是纪要的核心部分，主要记载会议的情况和取得的成果。

在写这部分内容的时候，一定要围绕会议的主题展开，并且一定要将会议的决议表达清楚。在会议上存在争议的问题，也要详细、如实地记录。

一般来说，会议纪要的主体内容可以采取以下 3 种写作方式。

第一种，条文式写法。条文式写法是将会议决定的事项按照条文的形式写出来。这种形式的写法一般适用于工作会议纪要。

第二种，综述式写法。综述式写法是将会议决定的事项、讨论的内容分为若干个部分，每个部分只谈论一方面的内容。这种形式的写法一般适用于内容较为丰富的会议。

第三种，摘记式写法。摘记式写法是将会议发言人的发言要点记录下来。这种纪要形式一般在发言人一边发言时一边写，并且要在发言人姓名后备注上发言人所在单位、职务。一般比较重要的座谈会，可以采取这种形式写会议纪要。

实操模板

××会议纪要　　【标题】

会议名称：

时间：

会议主持人：

参会人员：

主要议程：

会议形式：

会议的主要成果：

现在将这次会议研究的几个问题纪要如下：

【前言】

一、……

二、……

三、……

……

【主体内容】

技巧总结

在会议纪要的写作中，有哪些注意事项呢？

（1）事先做好会议记录，详尽地准备原始资料。

（2）要对材料正确取舍、合理删减及总结概括。

（3）要忠于会议的实际内容。

05 工作简报的写作技巧和实操模板

工作简报是反映工作动态和一般工作进展情况的文书，也是工作中常用的一种文书。工作简报的内容专业性较强，篇幅较短，且一般限于企业内部交流。

在实际工作中，我们最常见到的工作简报有以下几种。

第一种，专项工作简报。专项工作简报是指某部门对全面工作或专门工作撰写的简报，例如市场动态简报。这类简报一般为定期性的。当然，如果遇到紧急及重要的情况，也可以写一份专项工作简报上报。

第二种，中心工作简报。中心工作简报是指针对部门某一个时期或某个阶段的主要任务而撰写的简报，例如春季招聘工作简报。这类简报多为不定期撰写。

第三种，思想动态简报。思想动态简报是指针对国内外政策、方针和其他重大措施的公布施行，以及各项工作和日常生活中各种问题的反映而撰写的简报，例如员工对薪酬变革政策的反映的简报。

无论是以上哪一种简报，其目的都是交流信息，促进相关工作顺利推进。具体来说，工作简报有以下 3 个方面的作用。

第一，工作简报能够让上级及时了解下级部门及员工工作的最新情况，便于给出及时的指示，指导工作顺利推进。

第二，工作简报是和同级之间相互交流、沟通的“工具”，便于同级之间互相协作、学习，取长补短，共同进步。

第三，工作简报便于向所属部门通报相关工作情况，传达指示精神。

那么，如何才能写一份规范的工作简报呢？

核心概念

一份规范的工作简报应包括报头、标题、正文引导语、主体内容和报尾5个方面。

（1）报头

工作简报一般都有固定的报头。报头包括简报名称、期号、发行日期等。

简报名称。一般直接在第一行的正中间写“工作简报”或“工作动态”。

期号。位于简报名称的正下方。一般情况下，要按照年度依次排列期号，有的可以标出累积的总期号。如果是属于“增刊”的期号，一定要单独编排，避免与“正刊”期号混编。

发行日期。以领导签发的日期为准，并要表明具体的年月日。位置在期号的右下方。

报头部分与标题和正文之间，一般要用一条粗线隔开。

（2）标题

工作简报的标题有两种形式：一种是单标题，另一种是双标题。

单标题。单标题是指将工作的核心内容及主要意义概括为一句话作为标题，如《×× 工作重点把握 5 个方面的内容》。标题如果是两句话，可以加标点符号，也可以直接用空格表示间隔。

双标题。双标题有两种形式：一种是在正题后加副题，如《用青春谱写绿色篇章 用行动推进生态文明——×× 事迹材料》；另一种是在正题前面加引题，如《快乐成长，放飞梦想——×× 幼儿园六一儿童节活动》。

（3）正文引导语

工作简报的正文引导语即正文的开头部分。这部分内容要简明扼要地概括工作简报的内容，准确地说明报道的宗旨，激发读者的兴趣，引导读者阅读全文。

正文引导语的关键作用是引导读者，因此，这部分内容一定要开门见山，点明主题，给读者留下一个深刻的印象。

（4）主体内容

主体内容是工作简报的核心部分。这部分内容一定要建立在典型的、具有说服力的材料的基础之上，进而将导语的内容具体化、细致化。简单来说，就是用材料来论证自己的观点。

一般来说，工作简报的主体内容可以按照以下步骤展开。

第一步，对工作情况进行描述。

第二步，提出工作中存在的问题，并对问题进行深入分析。

第三步，给出可行性的解决方案。

第四步，对方案的可行性进行论证（用收集的材料论证）。

第五步，确定最后的行动方案。

（5）报尾

在报身下方，间隔横线的下方，写明主送、抄送对象、增发对象、印发份数等。

实操模板 |

公司工作简报

第××.期

项目名称　　　　　　　　　　　　××××年××月××日

【报头】

××

——××

【标题】

经过一段时间的工作……

【正文引导语】

……

【主体内容】

主送：

抄送：

发送范围：　　　　　　　　　　　　　　　　　　　　共印份数：

【报尾】

技巧总结

在工作简报的写作中，有哪些注意事项呢？

（1）围绕主题挑选典型材料。

（2）反映的事情要属实。

（3）未经审核的材料，不能写入简报。

（4）内容要简洁明了，要懂得删繁就简，同时还要做总结概括。

第8章

书信、公函类文书的写作技巧和实操模板

书信、公函类文书是指企业之间、组织之间及个人与上级之间在商洽和联系工作时使用的一种文书。书信、公函类文书的适用范围较广，工作、生活中常见的有申请书、决心书、保证书、倡议书、建议书、号召书、求职信、推荐信、证明信、介绍信、表扬信、感谢信、慰问信、询价函、报价函、推销函、订购函、索赔函、理赔函、商务公函等。

01 申请书的写作技巧和实操模板

申请书是个人表述愿望、提出请求时使用的一种文书，也是日常生活中常用到的一种文书。

我们从定义中可以看出申请书的两个特性。

第一个特性，申请性。申请书，顾名思义，是陈述自己的理由、请求。

第二个特性，申请书是个人向组织、下级向上级的行文。因此，在写作的时候一定要符合下对上的行文标准。

申请书其实和一般的书信很相似，主要是表达自己的想法。不同的是，申请书要求一事一议，即不能在一份申请书中表达多重意思，内容要求单纯。

在实际工作中，申请书的使用范围比较广，所以分类也比较多。按照申请书的用途，可以将申请书分为以下几类。

第一类，思想政治方面的申请。思想政治方面的申请是指申请加入某些进步的党派，例如入团申请书、入党申请书。

第二类，学习、工作方面的申请。学习、工作方面的申请是指在求学及工作中所写的申请书，例如入学申请、求职申请、工作调动申请等。

第三类，日常生活方面的申请。日常生活方面的申请是指在日常生活中遇到一些问题，需要组织、单位等帮助解决问题的申请，例如低保申请、福利住房申请等。

我们从申请书的分类可以看出，无论是学习、生活还是工作，都会涉及申请书的写作。所以，申请书的写作技巧是每个人都应当掌握的一种技能。

核心概念

申请书主要包括标题、称谓、正文、结语和落款 5 个部分。

（1）标题

申请书的标题有两种形式：一是直接在第一行居中写“申请书”3 个字；二是将申请书的内容加入标题中，如《入党申请书》《入团申请书》。

（2）称谓

申请书也是一种专用书信，所以格式与书信有相似的地方，在标题下方要写上称谓。

称谓要在标题下面另起一行，顶格加冒号，写明接受申请书的领导姓名和单位名称，如“敬爱的党组织”。

（3）正文

正文包括 3 项内容：申请内容、申请原因和决心。

申请内容：简洁明了地表明要申请的事项，让领导一目了然。

申请原因：即“为什么要申请”，要清楚表明自己具备哪些能力和资格。理由一定要客观、充分。

决心：最后一定要强烈表明申请的决心和态度。

（4）结语

申请书的结语不是必需的。一般来说，申请书的结语都是表示敬意的话，如“此致，敬礼”或者写上“恳请领导批准”。

（5）落款

在申请书全文的右下方写上申请人的姓名和申请日期。

实操模板

××申请书　　【标题】

敬爱的××：　　【称谓】

我郑重提出申请。申请加入……

……

我决心加入……

【正文】

恳请领导批准。　　【结语】

×××

××××年××月××日

【落款】

技巧总结

在申请书写作中，有哪些注意事项呢？

（1）申请书的写作要一事一议，即不要在一篇申请书中提出多种请求。

（2）申请书不同于一般书信，其目的性比较明显。因此，一定要语言精练，不拖泥带水。

（3）申请书的理由一定要客观、充分，不能虚夸或杜撰，否则会被直接拒绝。

（4）申请书的语言一定要简洁明了，态度一定要诚恳、朴实。

02 决心书的写作技巧和实操模板

决心书是个人、集体、单位为表决心所用的文书。一般情况下，决心书用于个人对组织、下级对上级表决心。

根据决心书的发文者，可以将决心书分为两大类。

第一类，个人决心书。个人决心书是指为完成某项工作、响应某一号召，以个人的名义向组织、领导撰写的决心书。这类决心书一般只面对组织或领导，不面向社会。

第二类，集体决心书。集体决心书是以集体的名义撰写的决心书。通常来说，在遇到艰巨任务、重大事项的时候，一些企业或集体为了向上级或社会各界表决心，会撰写一份决心书。

个人或集体的决心书，本质都是为了调动个人或集体的积极性，对个人或集体的行为进行适当约束。这样更能促进发文者更好地完成任务，达到目标。

那么，个人或集体的决心书，具体适用于工作或生活中的哪些场景呢？

为了响应上级某一号召而由个人或集体向上级组织或社会表示决心时使用。

为了顺利开展某项有一定难度的工作而向组织或社会表示决心时使用。

为了完成某项艰巨的任务，向组织或领导表示决心时使用。这也是工作中最常用到的决心书。

因为犯了某个错误，为了让领导或者他人更好地监督自己，表达自己会反思、改变的决心时使用。

除此之外，在日常生活中为了向家人或朋友保证自己要做某件事时，也会写一份决心书。只不过这类决心书的要求不会太严格。

那么，在工作中如何写一份合格的决心书呢？

核心概念

一份合格的决心书由标题、称谓、正文、结尾和落款 5 个部分组成。

（1）标题

决心书的标题有两种：一是直接在第一行居中写“决心书”3 个字；二是在“决心书”前面加上事由，如《争取业绩第一的决心书》。

（2）称谓

决心书的称谓应在标题下面另起一行，顶格加冒号，标明决心书送达的组织名称或领导名称，如“敬爱的 ××”。

如果这份决心书面对的人比较多，那么可以不用写称谓，或者可以写规范化的统称，如“尊敬的领导”。

（3）正文

决心书的正文由事由和决心两部分组成。

事由：要清楚阐述事情的背景，明确为什么要写这份决心书。这部分内容一定要结合当下的背景或者自身的具体情况来写。也就是说，理由一定要客观、真实、充分。

决心：这是决心书的核心部分，一般会分条列出来。这部分内容主要写决心的目标及准备采取的相关措施。如果采取的是分条的方式，一定要确保各条内容之间有关联性，且内容都是具体、真实的。

（4）结尾

决心书的结尾可以再次强调自己的决心，也可以直接写礼貌用语来结束，如“此致，敬礼”。

（5）落款

落款写在决心书全文的右下方，要署上写决心书的单位或个人的名字及决心书的发文日期。

实操模板

××决心书 【标题】

敬爱的××： 【称谓】

为了……

我决心做到：一、……；二、……

【正文】

此致

敬礼！ 【结尾】

×××

××××年××月××日

【落款】

技巧总结

在决心书写作中，有哪些注意事项呢？

（1）决心书的内容要具体，措施要能落实。

（2）决心书不要写得过于夸张，要量力而行。

（3）决心书的语气要诚恳，态度要坚定，要显示出必胜的信念。

03 保证书的写作技巧和实操模板

保证书是个人或集体为响应上级号召开展工作、完成任务，或犯了错误但决心改正而提出保证时的专用书信及文字材料。

与决心书相同，保证书可以分为个人保证书和集体保证书。此外，按照保证书的内容，可以将保证书分为以下两类。

第一类，为完成某项工作任务而写的保证书。为完成任务而写的保证书，可以很好地调动发文单位或个人的积极性，进而可以确保工作任务顺利完成。

第二类，为改正错误而写的保证书。为改正错误而写的保证书，可以约束发文单位或个人的行为，促进发文单位或个人认真改正错误。

那么，在日常生活和工作中，我们该如何写一份规范的保证书呢？

核心概念

保证书包括标题、称谓、正文和落款 4 个部分。

（1）标题

一般情况下，保证书的标题直接在第一行居中写上“保证书”3 个字即可。

（2）称谓

标题下空 1~2 行顶格，标明接收保证书的个人或单位，如“敬爱的 ×× 领导”。在称谓后面加上冒号。

（3）正文

正文是保证书的核心内容。这部分内容必须写清楚为什么要保证，保证的具体内容及相应的措施。也就是说，这部分内容要非常明确地表达要保证什么，在多长时间内可以做到，能做到什么程度等。保证的内容越明确，越能够得到对方的信任，也越能够激励自己。

正文的内容最好分条来写，这样表述更准确，逻辑更清晰，便于对方阅读和理解。在正文结束后，还可以在后面写上“请 ×× 严加监督”。

（4）落款

在保证书全文的右下角写上做保证的个人或单位的名称及写保证书的日期。

实操模板

保证书　　　　【标题】

尊敬的 ××：　　　　【称调】

我因为……

特做出以下保证：

……

……

以上保证请领导严加监督。

【正文】

×××

×××× 年 ×× 月 ×× 日

【落款】

技巧总结

在保证书的写作中，有哪些注意事项呢？

（1）保证的内容要具体，如保证什么，在多长时间可以做到，做到什么程度等。

（2）保证的内容一定要符合实际，能说到做到。

（3）保证书的语言要诚恳，态度要鲜明。

04 倡议书的写作技巧和实操模板

倡议书指的是由某一组织或社团，就某事向社会提出建议及提议社会成员共同完成这件事的文书。倡议书起到的是建议、号召、倡导的作用，不能让听众产生任何强制性的感觉。

倡议书是日常应用比较广泛的一种文书。生活中常见的倡议书有环保倡议书、运动会倡议书、光盘行动倡议书等。在起草倡议书之前，我们应当明确了解倡议书的 3 个特点。

特点一，广泛的群众性。倡议书不是针对个人或某一个小集体而发的，而是针对广大人民群众而发的，如部门及区域的所有人，甚至全体人民。所以，倡议书的对象比较广泛。这也是倡议书最基本的特征。

特点二，响应者的不确定性。因为倡议书的对象比较广泛，所以会出现有的人愿意响应、有的人不愿意响应的情况。也就是说，倡议书不具有强大的约束力。

特点三，公开性。倡议书的对象是广大人民群众，这决定了倡议书的公开性。只有让广大人民群众清楚地了解倡议书的内容，才能激起更多人的响应。

了解倡议书的这些特点后，如何才能写一份合格的倡议书呢？

核心概念 |

倡议书一般由标题、称谓、正文、结尾和落款 5 个部分组成。

（1）标题

倡议书的标题有两种形式：一是直接在第一行居中写“倡议书”3 个字；二是在“倡议书”前面加上倡议的内容，如《爱心倡议书》。

（2）称谓

在标题下空 1~2 行顶格写称谓，可以根据倡导的对象选择合适的称谓，如“广大青少年”“广大女同胞”“广大学子”等。

（3）正文

倡议书的正文包括两部分内容：倡议的原因及背景，倡议的具体内容和要求。

倡议的原因及背景：这部分内容要清楚地说明为什么要提出倡议，倡议的背景、目的是什么，有什么样的价值。只有明确交代这几个问题，才能令他人信服，才能引起广泛的响应。

倡议的具体内容和要求：倡议的具体内容和要求是倡议书的重点部分。这部分内容一定要非常具体、明确，让读者明确知道要做哪些事情，如何开展。具体内容和要求最好分条写，这样更清楚，便于大家理解。

（4）结尾

倡议书的结尾要表达提倡议的决心或者给出建议。一般来说，倡议书不需要在结尾加上祝福的话及礼貌用语。

（5）落款

在倡议书全文的右下方写上倡议者组织或单位的名称及倡议的发文日期。

实操模板

倡议书　　【标题】

广大的妇女同胞们：　　【称谓】

在……下，……

我们向广大女同胞发出以下倡议：

一、……

二、……

【正文】

亲爱的朋友们，让我们从现在做起……

【结尾】

×××

××××年××月××日

【落款】

技巧总结

在倡议书写作中，有哪些注意事项呢？

（1）倡议书的目的要写清楚，理由要客观、充分。

（2）倡议书的措辞要恰当，不能过于激进。

（3）倡议书的感情要真切，富有号召力。

（4）倡导的内容要切实可行，且不能违背国家的法律法规。

05 建议书的写作技巧和实操模板

建议书是指个人、单位或集体向群众、有关单位或上级，就某项工作提出某种建议时使用的一种文书。在工作和生活中，面对某个事情及某项任务时，我们都会有自己的想法和建议。这时就可以采用建议书的方式表达自己的建议，如项目建议书。

建议书一般会面向两类人：一是群众，二是领导或有关部门。

建议书面向群众时，虽然带有建议性，但主要目的是宣传、号召大家行动起来。

建议书面向领导或有关部门时，一般是比较中肯地提出自己对对方工作的意见、建议，不具有号召性。

因此，写作者在写建议书的时候要明确写作对象，根据对象准确行文。

不论是面对群众还是面对领导或有关单位，建议书的写作技巧大致相同。

核心概念

建议书由标题、称谓、正文、结尾和落款 5 个部分构成。

（1）标题

建议书的标题有两种形式：一是直接在第一行居中写“建议书”3 个字；二是在“建议书”前面加上事由，如《关于 ×× 的建议书》。

（2）称谓

在标题下空 1~2 行顶格写称谓。称谓要根据建议的对象而定，如“尊敬的领导”。称谓后面加冒号。

（3）正文

正文是建议书的核心内容。这部分内容，首先要交代清楚存在的问题，然后要明确提出建议的理由，最后要给出具体、可行的建议。如果建议的内容比较多，建议分条来写，这样逻辑更清楚，便于受文对象阅读和理解。

正文结束后，可以写一句“希望 ×× 能采纳我的建议”等。

（4）结尾

建议书的结尾可以写一些祝福语，如“祝您工作顺利”等。

（5）落款

在建议书全文的右下方写上提出建议的个人、组织、单位的名称及提出建议的日期。

实操模板

建议书　　【标题】

尊敬的 ×××：　　【称谓】

因为……

为了……特此提出如下建议：

……

希望能采纳我的建议。

【正文】

祝您工作顺利！

【结尾】

×××

××××年××月××日

【落款】

技巧总结

在建议书写作中，有哪些注意事项呢？

（1）提出的建议一定要从实际出发，实事求是。

（2）建议书的语气一定要冷静、客观。

（3）建议书不能提出过分的要求。

06 号召书的写作技巧和实操模板

号召书是企业或组织等借重大会议之机，号召广大群众迅速行动起来，贯彻会议精神，完成某项中心任务的一种文书。号召书的特点是具有号召性，且一般提出的措施比较明确。

在生活和工作中，当我们需要号召大家参与某项活动或者响应某个号召的时候，就会写一份号召书，如《关于进一步开展 ×× 活动的号召书》。

那么，我们该如何写一份合格的号召书呢？

核心概念

号召书由标题、正文和落款 3 个部分构成。

（1）标题

号召书的标题一般由引题和正题组成。引题要用简练、高度概括的语言说明要开展的活动或者要完成的任务是什么，如“关于开展 ×× 活动”。引题后就是正题，正题直接写“号召书”3个字。这里要注意的是，引题的字要比正题小。

除了以上这种标题形式外，也可以直接写“关于××的号召书”。

（2）正文

号召书的正文可以分为3个层次。

第一个层次，说明号召书的目的、意义及背景，并详细介绍重点任务、完成任务的价值及号召书的依据。

第二个层次，号召的具体内容。这个层次的内容最好分条列出来，并且每一条任务都要具体、可执行。此外，还要给出具体的实施办法。

第三个层次，号召书的结尾。可以概括这篇号召书的核心内容，突出主题，并可以在最后加一句有号召性的口号。

（3）落款

在号召书全文的右下方写上发出号召的组织或单位的名称及发出号召的日期。

实操模板

关于开展××活动的

号召书　　【标题】

在……下，……

因此号召大家……

一、……

二、……

让我们一起为……而努力奋斗！

【正文】

×××

××××年××月××日

【落款】

技巧总结

在号召书写作中，有哪些注意事项呢?

（1）号召书的目的要明确，背景要真实。

（2）号召书呈现的情感一定要真实。

（3）号召书所号召的事情一定要符合国家的法律法规。

07 求职信的写作技巧和实操模板

求职信是求职者写给用人单位的信件，目的是让对方了解自己、信任自己并录用自己。求职信是一种私人对公并有求于公的信函。对职场人士而言，求职信是工作中使用比较多的一种文书。

求职信有很多种类。

按照内容及行业，求职信可以分为技术性求职信、销售性求职信、演艺性求职信、医疗性求职信等。

按照求职的时间，求职信可以分为短期求职信、中期求职信和长期求职信等。

按照求职的要求，求职信可以分为基本要求的求职信、具体要求的求职信等。

无论对什么行业的人来说，为了寻找一份满意的工作，都应当掌握求职信的写作方法。

核心概念

求职信由标题、称谓、正文、结尾和落款 5 个部分组成。

（1）标题

求职信的标题通常只在第一行正中间写上“求职信”3个字。

（2）称谓

求职信中的称谓是对受信人的称谓。在标题下空1~2行，顶格写受信单位的名称或个人姓名。单位名称后面可加上“负责人”，在个人名称后面可加上“先生/女士”。

求职信与一般信件的不同之处在于，一般信件是写给已经见过面或很熟悉的人的，因此可以准确把握称谓，但是写求职信无法确定受信人是谁。因此，在写求职信称谓的时候，一定要尽量使用合乎礼仪又没有明确对象的称谓。

（3）正文

求职信的正文分为3个部分：写求职信的原因、对所求职位的看法及对自己能力的客观评价、提出希望及要求。

第一，写求职信的原因。首先，要清楚交代自己的姓名、年龄、性别、学历等。其次，要开门见山地说明自己从何渠道获知有关信息及写求职信的原因。例如：“我叫朱丽，今年24岁，毕业于××大学××专业。我在××招聘网站上看到贵公司招聘××人员的消息。我相信以我的经验和能力，可以胜任该职位。”这是一份求职信的开端。

求职信的开篇要简明扼要地介绍自己的相关情况，表明自己的态度。此外写作者要注意的是，求职信的开篇一定要有吸引力，能让对方有兴趣继续读下去。

第二，对所求职位的看法及对自己能力的客观评价。这部分内容是求职信的核心内容，要重点介绍自己应聘的有利条件。换句话说，要让对方看到你的优点，让对方迫不及待地想要录用你。例如，“我在校期间考取了导游证，且寒暑假兼职带过73次团队，去了56个景点。我在网上看到了很多贵公司的相关资料，非常喜欢贵公司的管理理念……”。

写这部分内容的时候，一定要实事求是、态度诚恳且内容一定要有说服力。

第三，提出希望及要求。正文的最后，要向受信者提出希望及要求，如“期待您的答复”。

在写这部分内容的时候，不要啰唆，不要提出过多的要求，以免功亏一篑。

（4）结尾

结尾另起一行，写上祝福语，如“此致，敬礼”“祝工作顺利”等。

（5）落款

在求职信全文的右下方写上写信人的姓名及日期。姓名写在上面，日期写在下面。日期要年、月、日俱全。

实操模板

求职信　【标题】

××处负责人：　【称谓】

　　我是××……

　　我在校期间……

　　期待您的答复。

【正文】

　　此致

敬礼！　【结尾】

×××

××××年××月××日

【落款】

技巧总结

在求职信写作中，有哪些注意事项呢？

（1）称谓的使用一定要恰当。

（2）一封求职信不能适合所有需要，要根据所求职位量身打造专属的求职信。

（3）求职信的内容要充实，过于简短会给对方留下不认真、不真诚的印象。

08 推荐信的写作技巧和实操模板

推荐信是某个人及某个组织为推荐另一个人去某个职位、参与某项工作而写的信件，是一种应用写作文体。在日常生活中，我们最常见到的推荐信有两大类：一类是雇用推荐信，一类是学术推荐信。

雇用推荐信。某个人到其他部门或单位应聘，请原单位的老板、直属领导、同事或其他行业的权威人士所写的推荐信就属于雇用推荐信。写作者在撰写雇用推荐信的时候，要充分了解求职者的技能、工作成就、所获奖项、性格特征等相关情况。此外，在雇用关系中，还有一种比较特殊的推荐信——优秀员工（或其他荣誉）推荐信，是指某个员工的直属领导或同事为推荐其赢得某种荣誉而写的推荐信。这类推荐信一定要写清楚被推荐人的职位、工作表现及为企业做出的成绩和贡献等。

学术推荐信。本科生或硕士研究生到其他（一般是国外）大学研究生院攻读硕士或博士学位时，请老师所写的推荐信就属于学术推荐信。除此之外，申请学术奖学金、实习机会等，请人写的推荐信也属于学术推荐信。

一般情况下，推荐信是在推荐人需要向某特定的对象推荐人才时使用。所以，不论何种推荐信，都需要写清楚被推荐人的技能、特点、成就等相关信息。一封高质量的推荐信，能够让用人单位更清楚地了解被推荐人的相关情况，从而能够提高推荐成功率。

核心概念

一封高质量的推荐信应当包括标题、称谓、正文和落款 4 个部分。

（1）标题

推荐信的标题一般是在“推荐信”前面加上事由，如“学生推荐信”“毕业生就职推荐信”。当然，也可以直接在第一行居中写“推荐信”3 个字。

（2）称谓

推荐信下空 1~2 行，顶格写称谓。推荐信的称谓要根据受信对象而定，一般可以称“尊敬的领导”。

（3）正文

推荐信的正文分为 3 个部分：介绍推荐人与申请人的关系及推荐原因、对申请人做出客观的评价、提出希望及请求。

第一，介绍推荐人与申请人的关系及推荐原因。这部分内容是推荐信的开端。因此，首先要清楚交代推荐人与申请人之间的关系。最好具体交代你们是怎么认识的，认识多久了，交代自己为什么要推荐他并要表达自己强烈的推荐愿望。

第二，对申请人做出客观的评价。这部分的内容要突出申请人的优点，或者阐述为什么申请人给你留下了深刻的印象，然后列举一些相关事例，以获得对方的信任。

第三，提出希望及请求。如“建议贵单位给予任用的机会”。

（4）落款

在推荐信全文的右下方写上推荐人的姓名及日期。

实操模板

××推荐信　　【标题】

尊敬的领导：　　【称谓】

我是××……　我与××是……

××在校期间……

建议贵单位予以任用。

【正文】

×××

××××年××月××日

【落款】

技巧总结

在推荐信的写作中，有哪些注意事项呢？

（1）一定要清楚交代与申请人的关系，明确是在何种情况下认识的及认识的时间。

（2）申请人的表现，一定要写得真实且详细。

（3）推荐信一定要描述正面内容。

（4）写推荐信前要与申请人沟通，以明确申请人要突出的特点。

09 证明信的写作技巧和实操模板

证明信是以社会组织、企业或个人的名义，凭借确凿的证据证明某人的身份、经历及某件事情的真实情况时所使用的一种专用书信。

证明信可分为两类：个人证明信和组织证明信。

个人证明信：证明信的内容完全由个人负责。所以，写这类证明信的时候要求个人要严肃、认真。

组织证明信：指以组织名义写的证明信。这类证明信，多数是为了证明某人曾在或正在该单位工作，它可以证明这个人的身份、职务及其他真实情况。这类证明信一般源于该单位的档案，或者来自真实的调查研究。

组织证明信又可以分为两种形式：一种是普通书写的书信形式，另一种是印刷形式。

普通书写的书信形式一般是该单位的负责人根据真实的档案或者调查材料书写的一种证明书信。这类书信的篇幅长短可视具体情况而定。

印刷证明信是指以组织的名义事先印刷好的证明信，这类证明信最大的特点是较为方便，只需要填写主要内容。这种证明信较为正规，一般要留有存根，以备日后查询。

无论是哪种形式的证明信，其核心内容都是大致相同的。

核心概念

证明信由标题、称谓、正文、结尾和落款 5 个部分组成。

（1）标题

证明信的标题有两种形式：一种是直接在第一行居中写“证明”两个字；另一种是在“证明”前面加上事由，如《有关 ×× 问题的证明》。

（2）称谓

标题下空 1~2 行写上称谓，如“×× 公司”“尊敬的领导”。称谓后加冒号。

证明信的受信人一方可以写单位名称，也可以写单位负责人的称谓。当然，有些证明信并没有明确的受信对象，那么称谓就可以直接省略。

（3）正文

证明信的正文要清楚、明确地交代被证明的事情。正文的内容要根据出具证明的主动与否来确定写作内容的侧重点。

第一种，主动出具的证明信。主动出具的证明信主要做证据使用。例如，身份证丢失的时候，我们需要去派出所开具临时身份证明，以保证自己的生活、工作正常进行。因此，这种证明信的正文内容只要简明扼要地交代被证明人的必要信息及请求协助的事项即可。

第二种，被动出具的证明信。被动出具的证明信，即被对方要求开具的证明。这种证明信要根据对方的具体要求，交代清楚所要证明的事项。如果要求证明某一件事情，那么一定要详细交代这件事情发生的时间、地点、参与者的姓名、事情的前因后果等。

在交代被证明的事情时，一定要准确、客观地描述实际发生的事情，不可凭空想象，更不能加入个人的主观情感。此外，态度一定要鲜明，不能模棱两可。

（4）结尾

证明信的结尾应写上“特此证明”4 个字。

（5）落款

在证明信全文的右下方写上出具证明信的单位或个人的名称及开具证明的日期。如果是单位名称，一定要写全称或者规范化的简称。如果是个人，要在名字前面加上“证明人”字样。

实操模板

证明信 【标题】

尊敬的领导： 【称谓】

兹证明……

【正文】

特此证明。

【结尾】

证明人：×××

××××年××月××日

【落款】

技巧总结

在证明信写作中，有哪些注意事项呢？

（1）对所证明的事情的描述一定要真实、具体、客观。

（2）态度一定要鲜明，不能模棱两可。

（3）不能掺杂个人主观情感。

（4）证明信要负一定的法律责任。

10 介绍信的写作技巧和实操模板

介绍信是用来介绍、联系、接洽事宜的一种应用文体，是社交活动的重要组成部分。一般情况下，介绍信是企业派人到其他单位联系工作、了解相关情况或者参加各种社会活动时用到的信函。

核心概念 |

介绍信具有介绍和证明的双重作用。介绍信可以让对方了解你的身份和目的，以便更好地得到对方的信任和支持。

在工作中，我们很多时候需要用到介绍信，如去参加某个会议或者第一次与某个公司洽谈合作的时候，就需要一封介绍信以明确自己的身份。所以，在工作中掌握介绍信的写作技巧十分必要。

千万不要把介绍信与推荐信混淆。推荐信是为某人提供一份详细的担保，涉及更多的细节问题。相对而言，介绍信的内容可以简短一些。

介绍信有两种类型：一种是用公用信笺手写的介绍信，另一种是印好格式的介绍信，使用时只需要按照格式填写内容即可。

第一种类型，用公用信笺手写的介绍信。

用公用信笺手写的介绍信由标题、称谓、正文、结尾、单位名称和日期、附注 6 个部分组成。

（1）标题

介绍信的标题很简单，直接在第一行居中写“介绍信”3 个字即可。

（2）称谓

标题下另起一行顶格写收信人的名称或单位名称。称谓后要加冒号。

（3）正文

正文是介绍信的核心，主要由 3 个部分组成：

写清楚派遣人员的姓名、人数、身份、职务等；

写清楚要联系的工作或者接洽的事项；

写清楚对收信单位或个人的希望、要求等，例如在文末写上“请接洽”等。

（4）结尾

介绍信的结尾可以写祝福语，也可以写“此致，敬礼”等礼貌用语。

（5）单位名称和日期

在介绍信全文的右下角写上单位或个人名称及开具介绍信的日期。

（6）附注

在介绍信全文的左下角写上介绍信的有效期限。

实操模板

介绍信 【标题】

×× 公司 / 领导： 【称谓】

兹有我单位 ××× 等人前往贵处 ××，望给予方便为感。 【正文】

此致

敬礼！ 【结尾】

（盖章）：××××

（有效期××天）【附注】　　××××年××月××日

【落款】

第二种类型，印好格式的介绍信。

这种介绍信有固定的格式。一般由存根、间缝和文本 3 个部分组成。

（1）存根

存根由标题（介绍信）、介绍信的编号、称谓、正文、开具时间等内容组成。存根由出具单位留存备查。

（2）间缝

间缝部分写介绍信的编号，应与存根上的编号一致，且要加盖出具单位的公章。

（3）文本

固定格式的介绍信的正文内容与便函式介绍信的正文内容相同。唯一不同之处是，固定格式的介绍信要在标题旁边标上介绍信的编号。

实操模板Ⅰ

介绍信存根　　【标题】

[××]字第[××]号　　【介绍信编号】

××：　　【称谓】

兹介绍×××同志等××人前往你处××，请予以接洽为荷。

【正文】

（有效期××天）　　××××年××月××日【开具时间】

介绍信 【标题】

[××]字第[××]号 【介绍信编号】

××： 【称谓】

兹介绍　　同志等　　人前往你处　　　　，请予以接洽为荷。

【正文】

此致

敬礼！ 【结尾】

（盖章）××

（有效期　天）【附注】 ××××年××月××日

【落款】

技巧总结

在介绍信写作中，有哪些注意事项呢？

（1）一定要准确填写被介绍人的真实姓名、身份，不得冒名顶替。

（2）对接洽及联系的事情要简明扼要地交代清楚，不要讲无关的事情。

（3）介绍信应经过领导过目并在存根上签字，以示慎重。

（4）重要的介绍信一定要留存根，以留存备查。

11 表扬信的写作技巧和实操模板

表扬信是向特定受信者表达表扬其优秀品行的一种专用书信。

表扬信主要是表扬者在日常生活及工作中受益于被表扬者的高尚品行或者被其品行感动，特向被表扬者及其所在单位和上级领导或媒体致信，以让其受到奖励、表彰，使其精神发扬光大的一种文书。

表扬信的表扬对象可以是单位，也可以是个人。但无论对象是谁，表扬的目的除了表达感谢、肯定对方的高尚品行之外，最重要的是达到发扬、宣传的目的。

核心概念

表扬信包括标题、称谓、正文、结尾和落款 5 个方面的内容。

（1）标题

表扬信的标题一般在第一行居中写上“表扬信”3 个字即可。

（2）称谓

标题下空 1~2 行顶格写上被表扬的单位、组织或个人的名称、姓名。

如果是写给个人的表扬信，要在名字后面加上“先生 / 女士”等字样，称谓后面再加上冒号。如果是写给单位或者组织的表扬信，开头可以省去受信单位名称。

（3）正文

表扬信的正文分为两个部分：交代表扬的原因，指出被表扬者的行为的意义。

交代表扬的原因。这部分内容要用概括性的语言阐述被表扬者的优秀事迹，包括事情的起因、经过、发展及最终的结果和意义。这些内容一定要清楚阐述，要能够突出被表扬者的特质，用事实说话，不能夸大其词。

指出被表扬者的行为的意义。这部分内容要基于事实对被表扬者做出客观评价，要表达被表扬者的行为的意义，可以具体指出被表扬者哪一种行为具有高尚的品德，值得学习和借鉴。例如，被表扬者非常无私地捐献了自己的一部分工资给 ××。

（4）结尾

结尾部分要对被表扬者再次提出表扬；如果被表扬的对象是个人，也可以向其所在单位提出建议，应对 ×× 给予表扬。

（5）落款

在表扬信全文的右下方写上发信单位的名称或个人姓名，日期写在署名的下方。

实操模板

表扬信 【标题】

××： 【称谓】

我是××，××因为……

××的行为……

【正文】

……再次表扬。 【结尾】

×××

××××年××月××日

【落款】

技巧总结

在表扬信写作中，有哪些注意事项呢？

（1）表扬的事情一定要具体，如时间、地点、人物、事情经过等一定要详细交代。

（2）对表扬者给出的评价一定要客观、真实，切忌杜撰、夸张。

（3）态度要诚恳，要充满热情。

（4）表扬信的篇幅不宜过长，短小精悍为宜。

12 感谢信的写作技巧和实操模板

感谢信是向帮助、关心和支持过自己的集体（企业、组织）或个人表示谢意的书信。感谢信有感谢和赞扬双重意义。感谢信和表扬信有些相似。它们之间最大的不同是感谢信的重点在感谢，而表扬信的重点在表扬。所以，在写感谢信的时候，要表达出对对方某种行为的赞扬，更要侧重表达自己的谢意，以起到弘扬正气的作用。

因此，在写感谢信之前一定要清楚记得收信人为自己做的好事，并且要详细地把这件事交代清楚。此外，还要注意的是，表示感谢要非常真诚，感谢的语言要合乎两个人之间的表达习惯，语气不要过于卑微。

核心概念

感谢信一般由标题、称谓、正文、结尾和落款 5 个部分组成。

（1）标题

感谢信的标题一般在第一行居中写上“感谢信”3 个字。也可以在“感谢信”前面加上受文对象及事由，如《写给 ×× 的感谢信》《因为 ×× 的感谢信》。

（2）称谓

标题下空 1~2 行顶格写被感谢的单位、组织的名称或个人姓名。姓名后面要加上适当的称谓，如“×× 先生 / 女士”。称谓后面加上冒号。如果要感谢的人比较多，可以在正文中一一提出。

（3）正文

感谢信的正文由 3 个部分组成。

第一，感谢的内容。这部分内容要交代清楚被感谢的人在什么时间、什么地点、做了什么样的好事，给你带来了哪些帮助，事情产生的结果如何。在表达这些内容的时候，一定要描述事实，且感情一定要真诚。

第二，赞扬对方好的品德、思想。这部分内容要表达从这件好事中看到了对方哪些优良的品德，并赞扬对方。

第三，表示自己的态度和决心。这部分内容要再次表达谢意，也可以表示自己会向对方学习的态度和决心。

（4）结尾

感谢信的结尾要再次表示感谢，然后再用“此致，敬礼”进行收尾。当然，也可以顺其自然地结束正文，不写结语。

（5）落款

在感谢信全文的右下方写上写信人的姓名及写信日期。

实操模板

感谢信 【标题】

××： 【称谓】

首先，我们向您致以衷心的感谢……

因为……让我感到您非常真挚、诚恳，给我带来了……帮助。

再次向您表示感谢。

【正文】

此致

敬礼!

【结尾】

×××

××××年××月××日

【落款】

技巧总结

在感谢信写作中，有哪些注意事项?

（1）所感谢的事情一定要真实。

（2）写感谢信的语气一定要诚恳、客观，要符合双方的身份。

（3）感谢信主要是以讲述事实为主，因此不要过多地评价。

（4）感谢信的用词要精练，不必用过于华丽的辞藻，避免给对方一种不真实的感觉。

13 慰问信的写作技巧和实操模板

慰问信是一种特殊的信件，主要是为了安慰和问候收信人。具体来说，慰问信是以企业或者个人的名义在他人处于特殊情况下，或在节假日等特殊日子向对方表示关心的一种文书。

常见的慰问信可以分为两大类。

第一类，表示同情、安慰的慰问信。这类慰问信是工作、生活中最常见的。

这类慰问信用于对遭受巨大损失及困难的个人或集体表示慰问。例如，向失去亲人的家属表示慰问等。发这类慰问信的目的，除了表示难过、悲痛外，更重要的是要表达对对方的慰问、关心和问候，鼓励其走出悲伤，重燃希望和斗志。在写这类慰问信的时候，情感一定要真挚，语言要温柔、亲切。

第二类，表示节假日问候的慰问信。这类慰问信是指在传统节假日向个人、集体或单位发出的慰问信。例如，向节假日坚守工作岗位的工作者发出慰问信。这类慰问信重点是为了表达节日的问候。因此，写这类慰问信的时候态度要诚恳、感情要真切、语言要温暖。

以上两大类慰问信是我们工作和生活中常遇到的。我们从慰问信的分类中可以看出，不同对象、不同目的的慰问信的内容会有所不同。

因此，确定了慰问的对象及目的之后，我们就可以开始起草慰问信了。

核心概念

慰问信应当涵盖标题、称谓、正文、结尾和落款 5 个部分。

（1）标题

慰问信的标题有 3 种形式。

第一种，直接在第一行居中写“慰问信”3 个字。

第二种，在慰问信前面加上慰问对象，如《致 ×× 的慰问信》。

第三种，在“慰问信”前面加上写信方、慰问对象，如《×× 致 ×× 的慰问信》。

（2）称谓

标题后空 1~2 行顶格写上收信单位的名称或个人姓名。如果收信对象是个人，姓名后要加上称谓，如“×× 先生 / 女士”。如果收信对象是单位，单位名称一定要写全称或写规范化的简称。称谓后加冒号。

（3）正文

慰问信的正文由两部分组成。

第一，清楚交代写信的目的。首先要清楚地交代自己为什么要写这封慰问信。

第二，表达慰问之情。根据慰问的背景和目的表达慰问之情。

（4）结尾

结尾要再次表示慰问，如希望你早日走出悲痛等。

（5）落款

在慰问信全文的右下方写上写信单位的名称或个人姓名，并在姓名下面写上写信日期。

实操模板

慰问信　　【标题】

××：　　【称谓】

在……之际……我们对 ×× 表示亲切的慰问并致以崇高的敬意。

……

【正文】

最后，祝 ×× 节日愉快。　　【结尾】

×××

×××× 年 ×× 月 ×× 日

【落款】

技巧总结

在慰问信写作中，有哪些注意事项呢？

（1）写慰问信之前一定要确认慰问的对象及目的。

（2）慰问信所表达的情感要真挚、动人。

（3）慰问信的语言要亲切，要让对方感觉到温暖。

14 询价函、报价函的写作技巧和实操模板

询价函和报价函是商业领域中比较常见的两种文书。询价函是指买方向卖方询问有关商品交易条件所写的商务信函，而报价函是卖方在接到买方的询价函后发出的复函。

我们从询价函和报价函的定义可以看出，两者之间是相呼应的关系。简单来说，询价函是向卖方询问价格，而报价函是将报价告知买方。在法律上，这两者之间互相约束。

实际上，只要涉及商业领域的业务，基本上会涉及这两种文书。例如，工程询价函、医疗设备询价函、旅行社询价函等，对方需要给出报价函。所以，无论身处什么职业，都应当掌握询价函和报价函的写作技巧。

那么，如何写好询价函和报价函呢？

（1）询价函的写作技巧和实操模板

询价函一般是在买方需要进一步清楚地了解交易条件时使用的。通过递交询价函，买方可以更清楚地了解商品的相关情况，尤其是价格情况，进而据此对采购计划做出相应的调整，以便交易顺利进行。

询价函一般由标题、称谓、正文和落款4个部分组成。

① 标题

询价函的标题一般直接在第一行居中写“询价函”3个字。当然，也可以在询价函前面加上事由，如《××询价函》。

② 称谓

标题下空1~2行顶格写上询价单位的名称，或者可以直接省略，不写称谓。

③ 正文

在询价函的正文中要明确交代向卖家索要的商品目录本、商品样品、样本、价目单等的具体情况。

④ 落款

询价函全文的右下角写上发函公司的名称及发函的日期。

实操模板

询价函　　【标题】

××公司：　　【称谓】

我方公司对贵公司的××产品非常感兴趣，需订购××。品质××，规格××。望尽快给出相关报价。

（1）单价

（2）交货期限

（3）结算方式

（4）质量保证方式

……

如贵公司价格合理，且能给予优惠，我公司会考虑大量进货。

【正文】

××公司

××××年××月××日

【落款】

（2）报价函的写作技巧和实操模板

报价函一般是卖方接到买方的询价函后，对询价函做出的复函。报价函对卖家来说意味着销售时机，因此卖方一定要认真拟定报价函，并且发送一定要及时，以把握商机。

报价函由标题、称谓、正文和落款 4 个部分组成。

① 标题

报价函的标题可以直接在第一行居中写“报价函”或“报价信”3 个字。

② 称谓

标题下另起一行顶格写受信单位的名称或个人姓名。称谓后加冒号。

③ 正文

报价函的正文分为 3 个部分。首先，要感谢对方询价；其次，要答复价格及对方询问的相关信息，如商品的价格、质量、数量、包装、交货方式、交货日期等；最后，要写上礼貌用语，如“欢迎再询”。

④ 落款

报价函全文的右下方写上写函单位或个人的名字，名字下方写上写函日期。

实操模板

报价函　【标题】

××公司：　【称谓】

您好！感谢您的垂询！贵公司所需产品的报价如下。

一、报价内容

……

二、其他说明

1. 本报价包含……

2. 结算方式

3. 本报价有效期 ×× 天。

如贵公司还有疑问，欢迎再询。

【正文】

×× 公司

×××× 年 ×× 月 ×× 日

【落款】

技巧总结

在询价函、报价函写作中，有哪些注意事项呢？

（1）无论是询价函还是报价函，写作态度都要真诚。

（2）询价函的语言要简洁，写作态度要谦和。

（3）报价函中的报价一定要真实，不能谎报价格。

（4）报价函的内容一定要全面、具体，要回答买家咨询的全部问题。

15 推销函、订购函的写作技巧和实操模板

推销函是指为了将自己的产品推销给买方而拟制的业务类文书，而订购函是指买方按照事先和卖方谈好的条件，向卖方订购所需货物时所用的一种信函。推销函是卖方主动推销产品，而订购函是买方主动订购产品。从某种程度上来说，这两种文书也是相对应的。

在日常工作中经常涉及这两种信函的写作。例如，在新产品推出市场的时候，我们需要写一份推销函，推销自己的产品；或是在需要订购某类产品的时候，需要向卖家发一份订购函。所以，商业界的人应当掌握推销函、订购函的写作技巧。

（1）推销函的写作技巧和实操模板

推销函一般是将商品推向市场或向某个目标客户群体推荐时使用的文书。它能够让市场和目标客户及时了解商品的相关情况。

核心概念

推销函一般包括标题、称谓、正文引导语、正文、结尾和落款6个部分。

① 标题

推销函的标题，一般会在"推销函"前加上名称，如《洗面仪的推销函》。

② 称谓

标题下空1~2行，顶格写上被推销单位的名称。

③ 正文引导语

推销函的正文引导语一般要介绍产品相关的特点等情况。

④ 正文

这部分内容是推销函的核心部分，应详细地介绍产品的性质、用途、功能等，一定要围绕产品展开，不要说太多的题外话。

⑤ 结尾

结尾要用委婉的语气总结一下产品的卖点，如"性价比高""功能齐全"等，并发出号召，激发买家的购买欲。

⑥ 落款

推销函全文的右下方注明发函单位的名称及日期。

实操模板

推销函　【标题】

××公司：　【称谓】

从我公司××中获悉，贵公司希望与我公司就××建立业务联系。非常高兴地通知贵公司，我们非常愿意与您就此项目展开合作事宜。

【正文引导语】

我公司的××产品的质量上乘……

……

【正文】

现为贵公司寄出一份样品，以供参考，真诚欢迎贵公司来函并来人实地考察商榷。

【结尾】

××公司

××××年××月××日

【落款】

技巧总结

在推销函写作中，有哪些注意事项呢？

（1）推销函的语言要得体，要突出产品的特点，以吸引买方继续读下去。

（2）推销函一定要围绕产品展开叙述，不能说太多题外话。

（3）推销函所描述的产品信息一定要真实、详细。

（2）订购函的写作技巧和实操模板

订购函是经过反复磋商，买卖双方接受了交易条件后，买方按照双方谈妥的条件向卖方订购所需货物的文书。

订购函是买方发给卖方的，表示向卖方订购货物。因此，在订购函中一定要清楚、具体地交代所需商品的相关情况，如商品的数量、型号、规格、单价等。同时，买方还应当在订购函中清楚交代具体的结算方式及交货地点和日期。这样卖方才能明确买方的需求，为买方提供能够满足需求的产品、服务，进而才能促进交易顺利进行。

核心概念

一封合格的订购函由标题、称谓、正文、结尾和落款 5 个部分组成。

① 标题

订购函的标题一般可以直接在第一行居中写“订购函”3 个字。

② 称谓

标题下空 1~2 行顶格写收函单位的名称或者个人名称。称谓后面加冒号。

③ 正文

订购函的正文要包括所需订购商品的详细信息，如商品的名称、型号、价格、数量、结算方式、交货时间、交货地点、运输方式等。

④ 结尾

订购函的结尾可写上“请即予办理为荷”。

⑤ 落款

在订购函全文的右下方写上发函单位的名称或个人姓名，并在下面标注写函日期。

实操模板

订购函　　【标题】

×× 公司：　　【称谓】

贵公司 ×××× 年 ×× 月 ×× 日的报价单收悉，谢谢。贵方报价较合理，特订购下列货物：

品名、单价、数量……

品名、单价、数量……

……

交货日期：

交货地点：

结算方式：

【正文】

请即予办理为荷。

【结尾】

××公司

××××年××月××日

【落款】

技巧总结

在订购函写作中，有哪些注意事项呢？

（1）写订购函之前要反复与对方磋商。

（2）订购函的内容要准确，要清楚地表达自己所需的商品数量、规格等信息，不能出错。

16 索赔函、理赔函的写作技巧和实操模板

索赔函、理赔函是工作中常见的两种文书。

索赔函是指在交易过程中，因违约方的过错而承受经济损失的一方依据合同的相关规定，要求违约方就所受损失给予赔偿的信函。理赔函是指违约方就索赔要求做出理赔的信函。因为索赔函和理赔函涉及双方的利益纠纷，因此索赔函和理赔函比一般的商务信函更严谨。

（1）索赔函的写作技巧和实操模板

核心概念 |

索赔函包括标题、称谓、正文、结尾和落款 5 个部分。

① 标题

索赔函的标题一般可以直接在第一行居中写“索赔函”3 个字，也可以在“索赔函”前面加上事由，如《关于 ×× 的索赔函》。

② 称谓

在标题下顶格写上索赔的单位名称或者个人姓名。如“×× 公司”“尊敬的 ×× 先生 / 女士”。称谓后加冒号。

③ 正文

索赔函的正文包括 3 个部分。首先，要明确说明要索赔的原因，如因货品在运输过程中有损坏；其次，要清楚交代需要索赔的商品或者索赔费用；最后，要表达自己的希望或要求，如“希望贵公司在 7 月 4 日之前能够支付以上赔付金额”。

④ 结尾

索赔函的结尾可写上礼貌用语，如“顺祝商祺”。

⑤ 落款

在索赔函全文的右下方写上发函单位的名称或个人姓名，并在署名下面标注发函日期。

实操模板 |

索赔函 【标题】

×× 公司： 【称谓】

因为贵公司 ×× 导致货物损坏。此次事件不仅导致货物损害，还造成紧急调货的费用……为此，我公司向贵公司要求赔偿以下损失费。

1.……

2.……

3.……

……

费用共计：×× 元。

【正文】

顺祝商祺。

【结尾】

×× 公司

×××× 年 ×× 月 ×× 日

【落款】

（2）理赔函的写作技巧和实操模板

理赔函由标题、称谓、正文、结尾和落款 5 个部分组成。

① 标题

理赔函的标题一般可以直接在第一行居中写“理赔函”3 个字，也可以在理赔函前面加上事由，如《关于 ×× 的理赔函》。

② 称谓

标题下空 1~2 行顶格写上收函单位的名称或个人姓名。如“×× 公司”“×× 先生 / 女士”。称谓后加冒号。

③ 正文

理赔函的正文由 3 个部分组成。首先，要向对方确定其索赔是有根据的，并承认自己的错误并深表歉意；其次，要针对对方的索赔提出具体的理赔方案；最后，再一次向对方表达歉意，希望得到对方的谅解，希望不要因为这件事影响双方之间的业务往来。

④ 结尾

结尾可以加上礼貌用语，如“此致，敬礼”。当然，如果正文已经表述比较完整，那么结尾可以省略。

⑤ 落款

在理赔函全文的右下方写上发函单位的名称或个人姓名，并在署名后标注发函日期。

实操模板

理赔函 【标题】

××公司： 【称谓】

贵公司××月××日来函收悉。你方所说的……损害属实。由于我方的疏忽给你方造成了巨大损失，我方深表歉意。同时，我方提出的解决方案如下：

1.……

2.……

3.……

……

【正文】

再次深表歉意，并希望我方的处理能够令你方满意，也希望这件事不要影响我们今后的合作。

此致

敬礼！

【结尾】

××公司

××××年××月××日

【落款】

技巧总结

在索赔函、理赔函写作中，有哪些注意事项呢？

（1）索赔函态度要诚恳，不能因为对方犯了错误，就强烈指责对方。

（2）索赔函中所索赔的商品的价格要真实，切忌乱报价。

（3）理赔函的态度要真诚，要让对方感受到你的歉意和理赔的诚意。

（4）理赔函要尽量按照索赔函的要求进行理赔。

17 商务公函的写作技巧和实操模板

商务公函是用来商洽工作、联系业务，询问和答复相关问题的一种文书。

按照行文方向，商务公函可以分为去函（又称来函）、复函。去函即主动发出的函；复函指回复对方的函。

按照内容，商务公函可分为询问函、答复函、请示函、批准函等。在商务公函中，请示函、批准函一般用于企业、组织之间请求批准某一事项。要切记，这类函不能误用为请示、批复。

在日常工作中，企业常常要与不同的企业进行商务合作，会涉及工作洽谈、联系业务等。这时候就需要有一个正式的文件来沟通，这正是商务公函的作用。所以，为了更好地与其他公司展开业务合作，我们应当掌握商务公函的写作技巧。

核心概念

商务公函包括标题、称谓、正文和落款 4 个部分。

（1）标题

商务公函的标题一般由发函单位、事由、受函单位组成，如《×× 公司关于归还 ×× 公司借款的 ×× 函》。当然，也可以直接由事由组成，如《关于 ××× 的 ×× 函》。

（2）称谓

商务公函的称谓是指公函的受函者。称谓写在标题下，顶格写上受函单位名称或个人姓名。称谓后加冒号。

（3）正文

商务公函的正文由 3 个部分组成。

第一，交代发函的原因。即要表明你为什么要发这封函，你的目的是什么。

第二，要具体说明发函的事项。

第三，提出希望或者要求。结语一般可以使用特此复函类似的用语。

（4）落款

在商务公函全文的右下方写上发函单位的名称或个人姓名，并在署名下标注发函日期。

实操模板

公函 【标题】

××： 【称谓】

贵方有关　事宜××月××日来函知悉，特函告如下：

1.……

2.……

3.……

……

希望上述答复将满足贵方的要求，并等候贵方的答复。

【正文】

××

××××年××月××日

【落款】

技巧总结

在商务公函写作中，有哪些注意事项呢？

（1）商务公函的主旨要集中，一般要求一事一函。

（2）商务公函一般要求开门见山，直接叙述事项。

（3）商务公函的用语要谨慎、礼貌，要符合双方的身份。

（4）商务公函中禁用指令性语言，如“你必须给我办妥”等。

第9章

规章、制度类文书的写作技巧和实操模板

规章、制度是我们在工作和生活中常遇到的一种文书。例如，制度、章程、守则、办法、规定等。明确的规章、制度是我们有序、规范地工作和生活的保障。

01 制度的写作技巧和实操模板

制度，从社会科学的角度来理解，泛指以规则、运作模式规范个体行动的一种社会结构。可以说，几乎各个行业、各个部门和岗位都有自己的制度。只有在制度的规范下，工作才能得以顺利进行。

在日常工作中，我们经常遇到的制度是公司管理制度、薪酬制度、员工晋升制度等。这些制度都是为了更好地约束、规范员工的行为，并激励员工努力工作。所以，无论是什么企业中什么层级的员工或创业者，为了更好地推动企业发展，都应当掌握制度的写作技巧。

核心概念 |

制度一般包括标题、正文引导语、主体和结尾 4 个方面。

（1）标题

制度的标题一般由制定单位、制度内容两个部分构成，如《× × 公司管理制度》。也可以直接在《制度》前加上使用对象，如《档案管理制度》。

（2）正文引导语

这部分内容要简明扼要地交代制定这项制度的原因、目的、意义和依据等相关情况。有些单位的内部制度不需要引导语，直接写主体内容即可。

（3）主体

主体是制度的核心内容。这部分内容要详细写明制度的具体内容。一般制度的主体内容可以用条文的形式来写。

条文式又分为两类：一类是通篇条文式，这种形式适用于内容较单一的制度；另一类是多层次条文式，这种形式适用于内容比较丰富的制度，特点是全文被分为多层序码，篇下分项、项下分条、条下分款。如某公司制定的《员工档案管理制度》，用“一、二、三、……”来表示大项，用“(一)(二)(三)……”来表示大项下的每一条，用“1. 2. 3. ……”表示条下每一款。

（4）结尾

主体内容结束后，结尾处应写明此项制度从什么时候开始实施，如“此项制度从发布之日开始实施”，然后可以直接结束。

如果是单位内部的制度不必盖公章。如果是一个系统的制度需广泛下发执行者，必须落款处盖公章，以增强制度的严肃性和规范性。

实操模板

××公司工作制度　　**【标题】**

第一条　总则（制定制度的原因、目的）

为了……制定本制度。

【正文引导语】

第二条　适用范围

……

第三条　工作纪律

第四条……

第五条……

……

第十条　附则

【主体】

此项制度从发布之日开始实施。

【结尾】

技巧总结

在制度写作中，有哪些注意事项呢？

（1）制度写作一定要注意条理性。

（2）在语言表达上要注意简洁、准确。

（3）内容要科学、严谨。

（4）内容不得违背国家法律法规。

02 章程的写作技巧和实操模板

章程用来规定某个机构或组织的宗旨、组成人员及组织结构的性质、任务、权利和活动规则等。

在工作中最常见的章程是公司章程。公司章程是指公司依法制定的，规定公司名称、住所、经营范围、经营管理制度等重大事项的基本文件，也是公司必备的规定公司组织及活动基本规则的书面文件。公司章程具有法定性、真实性、自治性和公开性的基本特征。

公司章程作为公司组织与行为的基本准则，对公司的成立及运营具有十分重要的意义。它既是公司成立的基础，也是公司赖以生存的灵魂。

任何章程的最终目的都是让组织及活动更好地运行、开展，所以我们应当积极主动地掌握章程的写作技法。

章程的写法一般可以采取两种形式。

第一种，条款直灌式写法。即从正文到结尾，依次用第一条、第二条、第三条……这种形式适用于内容比较简单的章程。

第二种，章条式写法。即整个章程分为若干个章节、每个章节下再分为条款。这种写作形式适用于内容比较丰富的章程。

无论采取哪种形式，写作技巧大致是相同的。

核心概念

章程一般包括标题、题注、总则、分则和附则 5 个方面。

（1）标题

章程的标题一般是在“章程”前面加上制发章程的组织机构名称，如《×× 公司章程》。如果是试行的章程，就要在“章程”前加上“试行”“暂行”字样，如《×× 公司暂行章程》。

（2）题注

题注即在标题下方写上通过章程的会议的名称及章程公布的日期。如“×× 会议，×××× 年 ×× 月 ×× 日通过”。

（3）总则

总则包括组织的名称、宗旨、指导思想、性质等纲领性内容。有的章程会以总纲为题，将这部分内容写在总纲里面。有的章程不设总纲，总则内容则写在第一章。如果章程的内容比较简单，只需要分条写，那么直接写在前面几条即可。

（4）分则

分则是章程的具体内容，是章程的核心，要把组织机构想阐明的问题全部列入章程中，如组织人员、任务、经费、要求等。

（5）附则

附则是对分则的补充说明。一般是用最后几条或者最后一章写明一些附带的问题，如解释权、实施时间、实施要求等。

实操模板

××公司章程　　【标题】

（××××年××月××日××市××大会第××次会议通过，××××年××月××日××会公布）

【题注】

第一章　总则

……

第一条……

第二条……

……

【总则】

第二章

第一条……

第二条……

……

第三章

……

【分则】

附则

……

【附则】

技巧总结

在章程写作中，有哪些注意事项呢？

（1）章程具有权威性，一旦确定下来就不能修改，因此在行文的时候一定要注意言辞的精练，不能用模棱两可的词。

（2）要注意内容的合理安排，结构要清晰、明了。

（3）章程记载的内容必须是客观存在的、与实际相符的事实。

（4）章程作为一种行为规范，不是由国家而是由具体的组织依法自行制定的。

03 守则的写作技巧和实操模板

守则是指某一个社会组织或行业的所有成员，在自觉、自愿的基础上，经过充分的讨论，达成一致意见而制定的行为准则。守则不仅能够规范人们的道德和行为，还能够对某个具体事项进行规范操作，对促进工作顺利进行有非常积极的作用。

此外，守则主要是规范人们的道德和行为，不具备直接的法律制约作用。

根据守则的制作人和制作单位对其进行分类，可以分为以下几类。

第一类，适用于行政部门的守则。例如，《行政工作守则》《城市管理执法行为规范》。

第二类，适用于教育部门的守则。例如，《中小学生守则》《中学生日常行为规范》。

第三类，适用于工矿企业的守则。例如，《工矿企业电气安全规范》《工矿道路设计规范》。

第四类，适用于某种生产工艺操作的守则。例如，《喷漆工艺守则》《打磨工艺守则》。

我们从以上分类可以看出，几乎各行各业都会涉及守则这类文书的写作。所以，无论你从事的是哪个行业，都有必要掌握守则的写作技巧。

核心概念

守则包括标题、发文单位和日期及正文 3 个方面。

（1）标题

守则的标题一般在"守则"前加适用对象，如《商业营业员营业守则》。

（2）发文单位和日期

有些守则需要注明发文单位和日期。一般在标题的正下方加括号标注发文单位和日期，或者标注通过的会议。

（3）正文

守则的篇幅一般比较短小，比较适合采用通篇分条式写法。分条式是指可以直接在正文中分条展开写条款，如第一条、第二条……

实操模板

员工守则　　　　【标题】

（×××公司　××××年××月××日）

【发文单位和日期】

第一条……

第二条……

第三条……

第四条……

第五条……

……

【正文】

技巧总结

在守则写作中，有哪些注意事项呢？

（1）守则的适用对象一般比较广泛，因此守则的语言一定要精练、易懂。

（2）守则要严格以国家法律法规和社会公共道德规范为依据。

（3）为了便于记忆，守则的内容要尽量用短句。

（4）守则中的措施要切实可行。

（5）守则中的条款之间要有逻辑性，条款的内容不能交叉。

04 办法的写作技巧和实操模板

办法是指企业、团体为贯彻某一法令或者做好某方面工作而制定的文书。在工作中，我们常见的办法是工作管理办法。工作管理办法是为了做好某方面的工作而制定的办法，如《技术工作管理办法》《部门工作管理办法》。

办法是我们在工作中经常涉及的，因此我们应当掌握办法的写作技巧。

核心概念

办法包括标题、制发时间和依据、总则、分则和附则 5 个方面。

（1）标题

标题一般由办法的主要内容构成，主要内容包括基本事项、适用范围及阐释依据，如《工会工作管理办法》。如果是试行或者暂行办法，要在标题中加上“试行”“暂行”字样，如《人员管理暂行办法》。

（2）制发时间和依据

在标题下方的正中间加括号，注明办法制发的时间和依据。

制发的时间和依据通常有 3 种写法。

第一种，注明办法制发的年、月、日和会议。

第二种，办法通过的会议、时间及发布单位。

第三种，办法的发布单位和发布时间、发布单位和首次发布时间及修订时间。

（3）总则

总则要写明制定办法的目的、意义、指导思想、适用范围、适用部门等。这部分内容起到提纲挈领的作用，能让读者清楚地知道制文的目的。

此外，这部分内容的表述一定要简明扼要，不要做过多的陈述。

（4）分则

分则是办法的核心内容。这部分内容要详细列出具体的方法、步骤、措施、要求等，可以将这些内容分为若干个章节进行。

（5）附则

附则是分则的补充说明，是用来写一些特殊的规定、生效时间及补充规定的。

实操模板

×× 实施办法 【标题】

（×××× 年 ×× 月 ×× 日 ×× 市 ×× 大会第 ×× 次会议通过，×××× 年 ×× 月 ×× 日 ×× 会公布）

【制发时间和依据】

第一章　总则

第一条，根据《×××××法》，制定本实施办法。

第二条，×× 单位负责本细则的实施。

第三条，……

……

【总则】

第二章

……

第三章

……

第四章

……

【分则】

第五章 附则

第 ×× 条，本条例的具体应用问题由 ×× 解释。

第 ×× 条，本条例自公布之日起实施。

【附则】

技巧总结

在办法写作中，有哪些注意事项呢？

（1）内容要详细、合理、合规、合法和周到，不能笼统、抽象。

（2）所有内容都必须有依据，这样才能让受众信服。

05 规定的写作技巧和实操模板

在工作中，规定是指企业或部门对特定范围内的工作和事务制定相应措施，要求所属部门和下级贯彻执行的文书。规定主要是为了加强某项管理工作而制定的。例如，《关于挂牌公司股票发行有关事项的规定》。规定有较强的约束力，且内容比较细致，可操作性较强。

无论是企业员工，还是创业者都会涉及这类文书的写作。所以，对这些人来说，应当掌握规定的写作技巧。

核心概念

规定包括标题、制发时间和依据、总则、分则和附则 5 个方面。

（1）标题

规定的标题一般有两种形式：一种是由发文单位、事由构成，如《×× 公司人员编制管理规定》，另一种是在“规定”前面只加事由，如《管理规定》。

（2）制发时间和依据

在标题的正下方用括号注明制发的时间和依据。

（3）总则

总则要简明扼要地交代制定规定的目的、依据、指导思想、适用范围和适用原则等纲领性内容。

（4）分则

分则是规定的主体内容，要清楚地写明规定的具体内容及具体执行的依据。

（5）附则

附则要说明相关的要求或者规定的解释权、发布日期。

实操模板

××规定　　【标题】

（××××年××月××日××市××大会第××次会议通过，××××年××月××日××会公布）

【制发时间和依据】

第一章　总则

第一条　为了……根据《×××××法》，制定本规定。

第二条　本规定贯彻××原则……

第三条　本规定适用于……

……

【总则】

第二章……

第三章……

第四章……

【分则】

第五章　附则

第××条　本规定的具体应用问题由××解释。

第××条　本规定自公布之日起实施。

【附则】

技巧总结

在规定写作中，有哪些注意事项呢？

（1）规定的语言一定要精练、干脆。

（2）规定的结构要科学合理，易于理解。

（3）规定的拟制一定要具有可操作性。

第 10 章

凭据类文书的写作技巧和实操模板

凭据类文书简单来说就是为了证明某件事而留下的凭据。在生活和工作中，使用频率比较高的凭据类文书有意向书、协议书、合同、借条、欠条、收条、聘书、解聘书等。

01 意向书的写作技巧和实操模板

意向书是表示缔结协议的意向，并经另一方同意的文书。但是，意向书只是表明缔结协议的意向，仅仅表示双方或者多方的基本意愿，并非真正缔结协议。从这个定义可以看出，意向书可以为进一步签订协议奠定基础，是协议的先导文件，但是意向书不具有法律效力。

因为意向书不属于正式文件，所以它的签署方式比较随便。通常来说，意向书有以下两种签署方式。

第一种方式，单独签署式。单独签署式是指由出具意向书的一方签署。但是文件一式两份，由合作的另一方在其副本上签章认可，然后交还对方，这样签署就完成了。

第二种方式，联合签署，即双方共同签署。虽然意向书只是表达意向，但是仍然可以保持协议的形式。所以，可以采取联合签署的方式，即在书面上出具合作双方的职衔及代表人姓名，然后双方分别签署，各执一份为凭。

意向书在实际工作中的应用范围较广。当两家公司有合作意向的时候，便会签订一份合作意向书，如《投资意向书》《投标意向书》等。所以，掌握意向书的写作技巧对职场人士来说是至关重要的一个工作技能。

核心概念

意向书包括标题、正文和落款 3 个部分。

（1）标题

意向书的标题有 3 种形式。

第一种，直接在第一行居中写“意向书”3 个字。

第二种，在意向书前面加上项目名称，如《×× 项目意向书》。

第三种，由当事各方名称 + 事由 + 意向书构成，如 ×× 公司与 ×× 公司关于 ×× 项目合作的意向书。

（2）正文

意向书的正文由导语、主体和结尾 3 个部分组成。

导语是意向书正文的开篇。这部分内容要写明合作双方当事人单位的全称，双方的简要情况及磋商后达成的合作意向等。一般常用“经双方磋商，达成如下意向”或“初步意向如下”等引出主体内容。

主体是意向书的核心部分。主体可以用分条的形式，写明达成的意向，如合作的项目、方式、双方的义务等。条款之间的逻辑要清晰，界限要清楚，内容不能存在重复和交叉。

结尾是意向书正文的结语。意向书的结尾一般以“未尽事宜，在正式签订合同时予以补充”作为结尾。

（3）落款

在全文的下方写上各方单位的名称、代表的姓名、通信地址、联系电话并加盖公章及签订日期。

实操模板

意向书 【标题】

×× 公司（甲方） ×× 公司（乙方）

双方于 ×××× 年 ×× 月 ×× 日在 ×× 地就 ×× 项目进行初步磋商，达成的意向如下：

一、……

二、……

三、……

……

本意向书一式两份。作为备忘录，各执一份备查。

【正文】

×× 公司（甲方）（盖章）　　　　×× 公司（乙方）（盖章）

代表：　　　　代表：

地址：　　　　地址：

联系电话：　　　　联系电话：

日期：×××× 年 ×× 月 ×× 日　　　　日期：×××× 年 ×× 月 ×× 日

【落款】

技巧总结

在意向书写作中，有哪些注意事项呢？

（1）意向书要坚持平等互利的原则，不能欺压任何一方。

（2）意向书的内容要忠实于洽谈的内容。

（3）意向书的语言表达要准确，切忌模棱两可。

02 协议书的写作技巧和实操模板

协议书有广义和狭义之分。广义的协议书是指社会团体或个人处理各种社会关系、事务时常用的契约类文书，包括合同、议定书、条约、公约、联合宣言、联合声明、条据等。狭义的协议书是指企业或个人就某个问题经过谈判或共同协商，取得一致意见后，订立的一种具有经济关系或其他关系的契约类文书。

在工作和生活中常见的协议书有《场地使用协议书》《项目合作协议书》《工程咨询服务协议书》等。

掌握协议书的写作技巧，无论是对我们的工作还是生活都是有非常重要的作用的。

核心概念

协议书由标题、正文和落款 3 个部分组成。

（1）标题

协议书的标题一般可以在第一行居中直接写“协议书”3 个字。也可以在“协议书”前加上内容性质，如《赔偿协议书》《××项目协议书》。

（2）正文

协议书的正文由导语、主体两部分组成。

导语要写明合作双方当事人单位的全称，并要表明协商的目的和责任。

协议书的主体部分可以用分条的形式将协议的条款逐一列出来。条款之间的逻辑要清晰，界限要清楚，内容不能存在重复和交叉。

（3）落款

在协议书全文的右下方签上协议各方的单位名称及代表名字并盖章。署名后，要注明达成本协议的时间。

实操模板

协议书 **【标题】**

××公司（甲方）：

××公司（乙方）：

关于××事宜。双方达成协议如下：

一、……

二、……

三、甲方承诺：

四、乙方承诺：

五、违约责任：

六、特别约定：

【正文】

××公司（甲方）（盖章）	××公司（乙方）（盖章）
代表：	代表：
××××年××月××日	×××年××月××日

【落款】

技巧总结

在协议书写作中，有哪些注意事项呢？

（1）协议书列举的事项一定要符合国家的法律法规。

（2）坚持平等互利的原则，不许任何一方将自己的意图强加给另一方。

（3）协议书在草拟和拟定时，必须符合格式规范。

03 合同的写作技巧和实操模板

《中华人民共和国合同法》第二条：合同是平等主体的自然人、法人、其他组织之间设立、变更、终止民事权利义务关系的协议。婚姻、收养、监护等有关身份关系的协议，适用其他法律的规定。

合同作为一种民事法律行为，是当事人协商一致的产物，是两者意思表示相一致的协议。依法成立的合同是受法律保护的。合同自签订之日起，具有国家法律约束力。

合同也有广义、狭义之分。

广义上的合同是指所有法律部门中确定权利、义务关系的协议。例如，《中华人民共和国劳动法》所说的劳动合同。这也是我们工作中最常涉及的合同。

狭义上的合同是指一切民事合同。民事合同中包括财产合同和身份合同。财产合同包括债券合同、物权合同和准物权合同。身份合同包括婚姻、收养、监护等有关身份关系的协议。

这里我们需要注意的是，有些狭义的合同仅指民事合同中的债权合同。《中华人民共和国合同法》分则所规定的 15 种有名合同全部是债权合同。这 15 种有名合同分别是：买卖合同，供用电、水、气、热力合同，赠与合同，借款合同，租赁合同，融资租赁合同，承揽合同，建设工程合同，运输合同，技术合同，保管合同，仓储合同，委托合同，行纪合同，居间合同。

无论在工作还是生活中，掌握合同的写作技巧，都是保障我们各项权利的有利条件。

因为合同受国家法律保护，具有国家法律约束力。因此，在写合同的时候要更加严谨，合同的内容要符合国家的法律规定。那么，如何起草一份合格的合同呢？

一般来说，一份合格的合同包括以下几点内容。

第一，当事人的名称或姓名和住所。

第二，标的。

标的是合同当事人各方权利和义务所共同指向的对象。例如，借款合同的标的是货币。

第三，数量。

数量是指标的的多少、轻重、大小。标的的数量一定要采用国家法定的计量单位。此外，数量要详细具体。如果是以包、箱、袋作为单位计量，一定要注明里面装了多少袋，多少千克。

第四，质量。

质量是指标的的物理、化学、生物、机械性素质和外观状态标准。如果是国家有规定的，一定要按照国家颁布的标准执行。如果不是国家规定的，合同当事人各方要协商确定标准。

第五，价款或酬金。

价款或酬金是指合同一方当事人向交付标的的另一方当事人以货币形式支付的代价。标的是货物的，代价称为价款；标的是服务的，代价称为酬金。

第六，履行期限、地点、方式。

合同履行的期限是指交付标的和支付价款或酬金的时间界限。

履行期限可以规定为及时履行，也可以规定在一定的期限内履行。履行期限一定要明确规定到年、月、日。

履行地点是指交货、付款的地点。履行地点一定要明确，如货物要运送到上海，要明确在上海的某个确切地址，而不是只写上海。

履行方式是指合同双方当事人以什么样的方式履行合同义务。例如，货物是自行提取还是代办托运。

第七，违约责任和解决争议的办法。

违约责任是指经济合同依法成立后，由于合同当事人一方或双方的过错而导致合同不能履行或不能适当履行，有过错的一方应承担的责任。如果有一方违约，可以用支付违约金、支付赔偿金，继续履行合同等方式解决。

如果因为违约，双方存在争议，可根据《中华人民共和国合同法》（以下简称《合同法》）第一百二十八条的规定解决。《合同法》第一百二十八条规定：当事人可以通过和解或者调解解决合同争议。当事人不愿和解、调解或者和解、调解不成的，可以根据仲裁协议向仲裁机构申请仲裁。当事人没有订立仲裁协议或者仲裁协议无效的，可以向人民法院起诉。当事人应当履行发生法律效应的判决、仲裁裁决、调解书；拒不履行的，双方可以请求人民法院执行。

明确以上内容后，就可以开始起草合同。

写合同一定要严格按照规定的格式。合同的格式主要有两种：一种是条款式，另一种是表格式。

条款式是把和对方达成的协议列成几条，写在合同里。

表格式是按事先印制好的表格，把双方协商好的内容逐一填入表格中。一般适用于一方同意另一方的条件而签订的合同。

无论是哪种形式的合同，其结构都一样。

核心概念 |

合同一般包括首部、主部和尾部 3 个部分。

（1）首部

合同的首部由标题和立约单位两部分组成。

标题。合同的标题有两种形式，一种是直接在第一行居中写“合同”两个字；

另一种是由合同标的、合同性质组成，如《汽车租赁合同》。

立约单位。立约单位就是合同双方的当事人，位于标题下方，正文上方。一般标题下另起一行写上合同当事人名称或姓名及住所。为了行文方便，一般规定某方为甲方，另一方则为乙方。如果还有第三方，可称为丙方。

（2）主部

合同的主部是合同的核心内容，可以用条例或者表格的形式呈现。主部的内容分为 3 个部分。

引言。这部分内容要写出订立合同的目的及依据，并要表示合作的态度。例如，为了……目的，根据……规定，经双方协商一致，签订本合同。

主体。这部分内容要明确、具体写明法定条款（如标的的数量、质量、价款、履行的期限、地点、方式等）和约定条款。

补充说明。对订立合同的有关事项进行补充说明。

（3）尾部

合同的尾部由结尾和落款两部分组成。

结尾。合同的结尾要写上合同的有效期和文本的保存方式。合同的有效期限是指合同执行生效、终止的时间。文本保存方式是指合同一式几份，如一式两份，甲乙双方各执一份。

落款。合同的落款有特定的内容和形式。合同的落款要在合同的有效期限和保存方式下方，依次写上当事人的名称、签章、签约时间等。

实操模板

合同

甲方：　　　　　　　　　　　　　　　　乙方：

名称：
住所：
法定代表人：
联系电话：

名称：
住所：
法定代表人：
联系电话：

【首部】

根据××××等有关法律、法规规定，甲乙双方经平等自愿、协商一致签订本合同、共同遵守本合同所列条例。

一、合同期限。

二、……

三、……

四、……

五、……

六、……

七、合同履行与变更。

八、合同解除。

九、合同终止。

【主部】

十、其他。

本合同未尽事宜，可经双方协商一致签订补充协议。补充协议与本合同具有同等效力。

本合同一式×份，由甲乙双方各执一份。

甲方单位（单位公章）：
法定代表人：
××××年××月××日

乙方单位（单位公章）：
法定代表人：
××××年××月××日

【尾部】

技巧总结

在合同写作中，有哪些注意事项呢？

（1）合同的内容一定要符合国家的法律、政策。

（2）合同一定要建立在平等协商、双方取得一致意见的基础上。

（3）合同的用语一定要准确，如“定金”与“订金”不能混淆。

（4）合同的表达方式要严谨，语言要精练。

04 借条、欠条及收条的写作技巧和实操模板

借条、欠条和收条是日常生活中使用比较多的条据。这 3 种条据虽然只有一字之差，但是其法律含义却相差甚远。

（1）借条

借条是指出借人向借用人或借款人出具的表示出借某物或者某款项的凭证。一般用来证明借用或借款关系。

核心概念 |

一个完整的借条应包含标题、正文和落款 3 个部分。

标题。借条的标题一般可以直接在第一行居中写“借条”两个字。

正文。借条的正文分为两个部分。第一部分要写上出款人和借款人的姓名。出款人和借款人的姓名一定要写法定全名，最好附上身份证号码。第二部分写明借款的具体金额及还款日期。借款金额包括小写金额和大写金额。还款日期要明确到年、月、日。此外，如果有利息，应写清楚借款的利息结算条件和方式，如是年利率还是月利率，利率是多少及最终应支付的借款利息总额（包括大写和小写金额）。

落款。借条的落款双方都要署名，如果有见证人的话，见证人也要署名。署名后面写上借款日期。

实操模板

借条

出借人：　　　　　　　　　　　　　　借款人：

【标题】

于××××年××月××日（数字用大写），××（借款人）自××（出借人）借款人民币××（金额大写）元整，现金收讫，以此借条为证。约定还款日期为××××年××月××日。

【正文】

见证人签字：

双方签字：

××××年××月××日

【落款】

（2）欠条

欠条是指债务人向债权人出具的表示尚欠某物或者某款项的凭证。一般用来证明债权债务关系。

在实际生活中，我们经常会遇到欠物或欠款的情况。这时候为了证明一方欠另一方钱物就需要写一张欠条。具体来说，欠条主要适用于以下 3 种场景。

第一种，我们在购买物品或收购产品时，因为某些原因不能支付或不能全款支付他人款项的时候，就需要写一张欠条。

第二种，当我们借了他人或单位的钱物，但是到期却不能归还或不能全部归还的时候，就需要写一张欠条。

第三种，借了个人或公家的钱物，事后需要给个人或公家补写一张凭证。这张凭证也可以被称作欠条。

从欠条的定义和适用场景来看，欠条似乎与借条相似。实际上，两者之间存在一定的区别。主要区别有以下 4 点。

第一，性质不同。借条证明的是借债关系，欠条证明的是欠债关系。借债肯定是欠债，但是欠债不一定是借债。

第二，形成的原因不同。借条形成的原因较单一，是特定的借债事实，而欠条形成的原因比较多，可以是基于多种事实而产生的，如买卖、劳务等事实产生的欠债都可以形成欠条。不同的事实产生的欠条，其法律效果也不同。

第三，诉讼时效不同。约定了还款日期的欠条和借条，时效是一样的。在未注明偿还日期的情况下，二者的诉讼时效的起始时间是不同的。对没有约定还款日期的借条，出借人可以随时向借款人请求还款，诉讼时效从权利人主张权利之时开始计算。借条的效力最长可达 20 年；没有约定还款期的欠条是对双方以往经济往来的一种结算，诉讼时效从欠条出具之日开始计算，权利人应当在欠条出具之日起 3 年内向人民法院主张权利。

第四，举证责任不同。借条持有人一般只需向法官简单地陈述借款的事实经过即可。但是，欠条持有人必须向法官陈述欠条形成的事实。如果对方否认的话，欠条持有人还必须进一步举证证明欠条形成的事实。

很多人因为对欠条和借条缺乏深刻的认识，导致在出具条据时，常常误将欠条写成借条，或误将借条写成欠条。因此，借款人、欠款人在出具条据时，一定要明确写欠条还是借条，并且要在条据上明确注明借款人、欠款人、借款时间、借款金额（金额大写）、还款时间，然后签字、按上指纹、盖章等。

核心概念

一个完整的欠条应包含标题、正文和落款 3 个部分。

标题。欠条的标题一般可以直接在第一行居中写上“欠条”两个字。

正文。欠条的正文要写明欠债人欠债的日期以及欠债的具体金额或物品数量，还有还债日期。金额应使用阿拉伯数字标注后再用中文大写数字书写，分比应明确百分比、千分比、万分比。此外，如有利息约定，应写明，否则依法视为无利息。

如有违约金约定，应写明。如有担保人，应注明担保方式，并写明担保人，担保人要签字并按手印。

落款。欠条的落款处要署上欠债人的姓名及欠债日期。

实操模板

欠条

【标题】

今购买 ××（身份证号：******************）的产品，总价款 8 万元（捌万元整），已付 6 万元（陆万元整），尚欠 2 万元（贰万元整）于 ×××× 年 ×× 月 ×× 日之前付清。如有拖欠，每拖欠 1 日按照每日万分之 × 支付利息。

【正文】

立据人：×××（身份证号：******************）

×××× 年 ×× 月 ×× 日

【落款】

（3）收条

收条是指收领人向送给人出具的表示收到某物或某款项的凭证，用来反映、证明收到的事实。

在实际生活中，收条一般适用于以下几种场景。

第一种，借钱物、欠钱物一方将所借、所欠的钱物归还时，当事人不在场，由其他人代收时，该代收人就需要写一张收条。

第二种，个人向单位、某一团体或某个组织上缴有关费用、财物的时候，对方就需要写一张收条，以示证明。

第三种，部门与部门之间、单位与单位之间的各种钱物往来，都应开具收条。

所以说，收条在实际生活、工作中的应用范围比较广，掌握收条的正确写法对我们的生活、工作都有较大的影响。

核心概念

一个完整的收条应包含标题、正文和落款 3 个部分。

标题。收条的标题一般可以直接在第一行居中写上“收条”或“收据”两个字。当然，收条的标题也可以直接以《今收到》《现收到》《已收到》作为标题。

正文。正文在第二行空两格处开始写，但如果是以《今收到》为标题的条据，则不用空格，顶格写正文内容即可。收条的正文要写明收到的某物、某款项的日期、数量、规格、种类等相关信息。

落款。收条的落款处要署上收领人的姓名及收领日期。如果是代收的，要在姓名前面加上“代收人：”字样。

实操模板

收条

【标题】

今收到 ×× 工资款叁十万元整（大写）（¥：300000 元），截至 ×××× 年 ×× 月 ×× 日前所有工资已支付清账。

特此证明。

【正文】

收款人（代收人）：

收款时间：×××× 年 ×× 月 ×× 日

【落款】

技巧总结

在借条、欠条、收条写作中，有哪些注意事项呢？

（1）无论是借条、收条还是欠条，都要写清楚双方的真实姓名。

（2）无论是借条、收条还是欠条，数字部分都要用阿拉伯数字和大写同时写明。

（3）如果借款的金额比较大的话，写借条的时候建议做公正。

（4）借条、收条、欠条的内容要表述清楚，避免后期产生不必要的纠纷。

05 聘书、解聘书的写作技巧和实操模板

在工作中，聘请和解聘员工是非常重要的人事活动。因此，聘书和解聘书是工作中比较常用的应用文体。

（1）聘书

聘书是企业、组织聘请专业人员担任某种职务时使用的文书。

在实际工作中，聘书一般适用于以下两种情况。

第一种，企业发出的聘书。这种聘书往往是因为企业发展需要，聘用有特长、有某项专业技能的人才而发出的聘书。

第二种，其他社会组织发出的聘书。一些社会组织为了提高自己的知名度，扩大自己的影响力，会聘请一些名气比较大的人加盟，以提升影响力。例如，聘请专家当活动的评委。

无论是以上哪一种聘书，其最终目的都是聘请对方。所以，其写作技法大致是相同的。

核心概念

聘书应当包括标题、称谓、正文、结尾和落款 5 个部分。

标题。聘书的标题一般可以直接在第一行居中写上“聘书”或“聘请书”。有些聘请书是印制好的，则不需要写标题，直接写正文内容即可。

称谓。标题下另起一行顶格写受聘者的姓名、称谓。称谓后加冒号。也可以在正文中写受聘者的姓名，如兹聘请 ××。

正文。聘请书的正文分为 4 个部分。

一要清楚交代聘请对方的原因、目的和对方要任职的岗位、要求和职责等内容。

二要写明聘请的期限，如聘用期 3 年，或“聘期自 ×××× 年 ×× 月 ×× 日至 ×××× 年 ×× 月 ×× 日”。

三要写上聘请的待遇。聘请待遇可以直接写在聘请书上，也可以另附聘约详细交代具体的待遇问题。

四要对被聘请者提出希望或要求。

结尾。聘请书的结尾一般写上祝颂或表示敬意的结语，如“此聘”“此致，敬礼”。

落款。落款处要写上发文单位的名称和领导姓名、职务。署名下面要写上发文日期并加盖公章。如果是由双方签约的聘书，双方都要签名，并要注明聘请书的份数和保存情况，如一式两份，双方各执一份。

实操模板

聘请书　　【标题】

兹聘请 ×× 为我院的学术顾问。

【称谓】

由于……聘为……

聘期：×××× 年 ×× 月 ×× 日—×××× 年 ×× 月 ×× 日

……

【正文】

【结尾】

此聘！

×× 市社会科学院

×××× 年 ×× 月 ×× 日

【落款】

（2）解聘书

解聘书与聘书是相对的，是指聘用单位在聘书还未到期的时候，由于某种原因与受聘者中途解约而发出的文书。

解聘书在工作中是常见到的一种文书。例如，某员工难以胜任该岗位的工作时，就可能需要写一份解聘书给他。

核心概念

解聘书由标题、称谓、正文、结尾和落款 5 个部分组成。

标题。解聘书的标题一般可以直接在第一行居中写“解聘书”3 个字。

称谓。标题下另起一行顶格写被解聘者的姓名。

正文。解聘书的正文由 3 个部分组成。

一是对解聘者的工作做出评价，并客观说明其被解聘的原因及解聘日期。

二是详细交代解聘后要如何交接工作、退还公物等事宜。

三是对被解聘者表示祝愿，如果是聘约性质的解聘，还应在最后注明可以提出申述、复议的单位及期限。例如，“如有异议，可于一个月内提出申述”。

结尾。解聘书的结尾一般写上表示祝福的结语，如“祝你未来有更好的发展”。

落款。落款处要写上发文单位的名称。署名下面要写上发文日期，并加盖公章。

实操模板

解聘书 【标题】

××：

【称谓】

鉴于你在××期间的表现，公司认为你无法胜任××岗位……现予以解聘。请于××××年××月××日之前，完成工作交接，前往人事处办理解聘相关手续。

【正文】

祝你未来有更好的发展！

特此通知

【结尾】

××（盖章）

××××年××月××日

【落款】

技巧总结

在聘书和解聘书写作中，有哪些注意事项呢？

（1）聘书和解聘书的语言要严谨，要表示出重视的态度。

（2）聘书和解聘书中有关岗位的内容要交代清楚。

（3）聘书和解聘书都是以单位名义发出的，一定要加盖公章，方能视为有效。

附录

社交类文书的写作技巧和实操模板

社交类文书是指在社交活动中经常涉及的文书。常见的有请柬、贺信、贺电、唁电、讣告、悼词等。这类文书大致分为两种：一种是表示祝福、问候的，另一种是表示安慰、同情的。

01 请柬的写作技巧和实操模板

请柬又称为请帖，是指为邀请客人参加某项活动而发出的礼仪性书信。使用请柬邀请对方，既可以表示对受邀请者的重视，也可以表示邀请者对这件事情的重视。

在日常生活中，我们常见的是结婚请柬。在职场中，一般重大会议、活动、典礼等都会使用请柬。

那么，如何写一份表达诚意的请柬呢？

核心概念

请柬一般由标题、称谓、正文、结尾和落款 5 个部分组成。

（1）标题

请柬有两种形式：一种是双面请柬，另一种是单面请柬。一般情况下，双面请柬会在封面上印上“请柬”二字；而单面请柬则要在第一行正中间写上“请柬”两个字，字体要稍微大一些。

（2）称谓

顶格写上被邀请单位的名称或个人姓名。个人姓名后，可以加上尊敬的称谓，如敬爱的 ×× 先生 / 女士。称谓后加冒号。

（3）正文

请柬的正文要详细交代活动的具体内容，如活动举行的时间、地点以及其他相关情况。

（4）结尾

请柬的结尾一般以“此致，敬礼”或“顺致崇高的敬意”“敬请光临”等作为结语。

（5）落款

注明邀请单位的名称或个人姓名，并在署名下写上发出请柬的时间。

实操模板

请柬 【标题】

×× 先生 / 女士： 【称谓】

兹定于 ×××× 年 ×× 月 ×× 日的 ×× 活动于 ×× 时在 ×× 地举行，届时敬请光临。

【正文】

此致

敬礼！

【结尾】

×××

×××× 年 ×× 月 ×× 日

【落款】

技巧总结

在请柬写作中，有哪些注意事项呢？

（1）请柬的措辞一定要简单明确、文雅、庄重。

（2）请柬中一定要明确交代活动的详细情况。

（3）请柬中避免出现“准时”两字，以免给对方造成压迫感。

02 贺信的写作技巧和实操模板

贺信是表示祝贺的信件的总称，是指企业、社会团体、个人向其他集体单位、个人表示祝贺的一种专用书信。贺信是日常生活中使用比较多的文体，可以用来表彰、赞扬、庆祝等，也可以表示慰问之意。

贺信在工作、生活中的应用范围也比较广。按照贺信的受文对象，可以将常见的贺信分为以下 4 类。

第一类，上级给下级的贺信。例如，对节日的祝贺，或对下级取得的工作成绩的祝贺。这类贺信一般在最后要提出希望和要求。

第二类，下级给上级的贺信。这类贺信一般是对拿下某个大项目或某个大项目取得的成功表示祝贺。这种贺信一般在最后会表明完成任务的决心和信心。

第三类，平级单位之间的贺信。这类贺信一般是对对方取得的工作成就表示祝贺，还可以表明向对方学习的谦虚态度，并希望双方可以保持友好关系。

第四类，个人之间的贺信。这类是生活中最常见的，主要用于节假日、重大喜事、取得不错的工作成绩和学习成绩时，表示祝贺之意。

核心概念

贺信一般由标题、称谓、正文、结尾和落款 5 个部分组成。

(1) 标题

贺信的标题一般可以直接在第一行居中写“贺信”两个字。当然，也可以在贺信前加上收信对象，如给 ×× 的贺信。个人之间的贺信，则可以省去标题。

(2) 称谓

标题下空一行顶格写收信单位的名称或个人姓名。如果是个人姓名，要在名字后加称谓，如 ×× 先生 / 女士。称谓后加冒号。

(3) 正文

贺信的正文包括 3 个部分。

第一，详细交代对方取得成就的背景及相关情况。

第二，详细交代对方取得了哪些成就，并要分析对方取得这些成就的原因。这部分内容要清楚交代祝贺对方的原因。

第三，表示热烈的祝贺。写这部分内容的时候，表达的情感一定要真挚。

(4) 结尾

结尾要写上祝福的话，如“祝您争取更大的胜利”“祝您长寿”，或写上“此致，敬礼”。

(5) 落款

写明发信单位的名称或个人姓名，并在署名下方写上成文日期。

实操模板

贺信 【标题】

尊敬的 ×× 公司： 【称谓】

欣闻……表示热烈的祝贺！

×× 公司……

×× 公司……

最后，再次祝贺，希望你们能够取得更大的胜利。

衷心祝愿贵公司蒸蒸日上。

【正文】

此致

敬礼！

【结尾】

×××

×××× 年 ×× 月 ×× 日

【落款】

技巧总结

在贺信写作中，有哪些注意事项呢？

（1）贺信中要写明祝贺对象，为什么祝贺。

（2）贺信的感情要真挚，要让对方感受到温暖和鼓舞。

03 贺电的写作技巧和实操模板

贺电是对收电对象表示祝贺、赞颂的电报。贺电一般是企业领导人、代表人发给有关单位、集体、个人的。贺电可以直接发给收电人，也可以以广播的形式发布，或者登报发布。

在单位、个人取得显著成绩、做出卓越贡献的时候，可以发一封贺电表示祝贺。此外，重要喜事、重要人物寿辰的时候，也可以发贺电表示祝贺。

从贺电的定义和适用范围来看，贺电和贺信之间的差别不大，都是表示祝贺之意。两者之间最明显的差别是贺电的篇幅不宜过长，一般用百余字表示祝贺即可。贺电的篇幅如果过长，就与贺信没有区别了。

核心概念

贺电一般由标题、称谓、正文、结尾和落款 5 个部分组成。

（1）标题

贺电的标题一般可以直接在第一行居中写“贺电”两个字，也可以在贺电前加上祝贺对象，如给 ×× 的贺电。

（2）称谓

标题下另起一行写上收电单位的名称或个人姓名。如果是个人姓名，要加上称谓，如 ×× 先生 / 女士。称谓后加冒号。

（3）正文

贺电的正文包括 3 个部分。

第一，清楚交代对方取得成就的背景及相关情况。

第二，对对方所取得的成就表示祝贺，并要说明对方取得成就的原因及意义。

第三，再次表示热烈祝贺并提出希望，如“希望再接再厉，取得更大的成就”。

（4）结尾

贺电的结尾要表示祝福和希望。如祝更上一层楼。

（5）落款

注明发电单位的名称或个人姓名，署名下写上发电日期。

实操模板

贺电 【标题】

尊敬的××： 【称谓】

值此×××之际，×××致以衷心的祝贺和最高的敬意。

××以来……

我们愿共同努力……

【正文】

再次表示祝贺。

此致

敬礼！

【结尾】

×××

××××年××月××日

【落款】

技巧总结

在贺电写作中，有哪些注意事项呢？

（1）电报是按字数收费的，所以贺电电文字数越少越好。

（2）贺电在用语上要细细斟酌，贺颂要恰如其分。

04 唁电的写作技巧和实操模板

唁电是指因为吊唁者与丧者家距离比较远或因故不能亲临吊唁，而向丧家发出的表示哀悼、慰问的电话、短信、电报和传真。唁电按照不同的对象，可以将常见的唁电分为两类：个人唁电、单位唁电。个人唁电属于私人唁电，而单位唁电属于正式唁电。

个人唁电。个人唁电的发者与逝者一般是关系比较好的朋友，在得知朋友去世后，为表示沉痛的心情而发的唁电。

单位唁电。单位唁电是指单位领导、团体向逝者发的唁电。这类唁电的对象一般是企业、团体中比较重要的领导或者在祖国建设中做出过伟大贡献的人物。

私人唁电和正式唁电也存在一定的区别。私人唁电侧重于表达个人情感，比较口语化。正式唁电比较庄重，语言比较规范、格式比较严谨。

它们在写法上是相同的，都只限于哀悼，不涉及其他内容。那么，如何写一封合格的唁电呢？

核心概念

唁电一般由标题、称谓、正文、结尾和落款 5 个部分组成。

（1）标题

唁电的标题一般可以直接在第一行居中写上“唁电”两个字。

（2）称谓

标题下要顶格写上收唁电的单位或者逝者家属的称谓。称谓要根据收唁电的对象确定，如“先生”“女士”“夫人”等。称谓后加冒号。

（3）正文

唁电的正文由 3 个部分组成。

第一，表示得知噩耗之后的悲痛心情，通常以“获悉……”“知悉……”开头。

第二，描写逝者的生平、功绩。这部分的内容要写一些比较有代表性的事情，以表达自己的缅怀之意。

第三，要向逝者的家属表示问候和安慰。

（4）结尾

唁电的结尾可以以“特电慰问”作为结语。

（5）落款

在唁电全文的右下角注明发电方的名称和发电日期。

实操模板 |

唁电 【标题】

×× 的亲属 ×× 先生 / 女士： 【称谓】

×× 因 ×× 不幸逝世，对此我感到悲痛万分。

×× 曾是……

×× 在某件事情中表现非常突出……

向您表示亲切的慰问，望您节哀。

×× 永垂不朽！

【正文】

特电慰问 【结尾】

×××

××××年××月××日

【落款】

技巧总结

在唁电写作中，有哪些注意事项呢？

（1）唁电的用词一定要简朴、深沉，能够表达出悲痛之情。

（2）对逝者生平的叙述要真实，切忌夸大其词。

（3）唁电的篇幅不宜过长，语言要精练、简洁明了。

（4）唁电写作要及时，过了时间就失去了意义。

05 讣告的写作技巧和实操模板

讣告也叫讣闻，是指人逝世以及去世后报丧的讯息。

“讣”原指报丧、服丧，也指死者亲属向亲友及有关方面报告丧事用的文书的意思；“告”，顾名思义，让人知晓这件事。

讣告一般是死者所属单位组织的治丧委员会或者家属向其亲友、同事、社会公众报告某人去世的消息。

我们最常见的讣告有两种形式。

第一种，一般式讣告。这是人们常用的一种讣告，是由家属、单位和治丧委员会发布的讣告。

第二种，简便式讣告。简便式讣告常作为一则消息在传播媒体上公布，旨在告知社会。

虽然讣告形式有所不同，但是写作的技巧大抵相同。

核心概念

讣告一般是由标题、正文和落款 3 个部分组成。

（1）标题

讣告的标题一般可以直接在第一行居中写上“讣告”两个字。也可以在讣告前面加上逝者的姓名，如 ××× 讣告。

（2）正文

讣告的正文包括 3 个部分。

第一，写明逝者的姓名、身份、民族，因何逝世，逝世的时间、地点，终年岁数。

第二，清楚交代逝者的生平，主要写一些比较有代表性的事情。

第三，写通知吊唁、开追悼会的地点和时间。

（3）落款

在讣告全文的右下角注明发讣告的团体名称或个人姓名，署名下方写上发讣告的日期。

实操模板

讣告　　【标题】

××因××不幸于××××年××月××日于××地逝世，终年××岁。今定于××××年××月××日××时在××火葬场火化，并尊××遗愿，一切从简。特此讣告！

【正文】

×××

××××年××月××日

【落款】

技巧总结

在讣告写作中，有哪些注意事项呢？

（1）讣告要在向遗体告别之前发出，以便让逝者的亲朋好友提前做好准备。

（2）讣告的语言要精练、准确。

（3）讣告只能使用黄、白两色纸。长辈之丧用白色，幼辈之丧用黄色。

（4）逝世一般用于领导和长辈，去世一般用于普通人。

06 悼词的写作技巧和实操模板

悼词是对逝者表示悼念的话和文章。悼词有广义和狭义之分。广义上的悼词是指对逝者表示哀悼、缅怀和敬意的一切形式的悼念文章。狭义上的悼词专指在追悼大会上对逝者表示追悼、哀思的宣读式专用哀悼的文体。我们要讲的是后者。

核心概念

宣读式的专用悼词由标题、正文和发文日期 3 个部分组成。

（1）标题

悼词的标题可以直接在第一行居中写“悼词”两个字，也可以在悼词前加上死者的名字，如《在 ×× 追悼会上的悼词》。

（2）正文

悼词的正文由导语、主体和结尾 3 个部分组成。

导语。导语即悼词的开头。首先，这部分内容要以沉痛的心情说明召开及参加此次追悼会的目的；其次，要非常准确地说出逝者的职称和称谓，以表示对逝者的尊重；最后，要写明逝者是在 ×××× 年 ×× 月 ×× 日于 ×× 地点逝世，终年多少岁等。

主体。主体是悼词的核心部分。这部分内容要交代逝者的生平信息，即要对逝者成长的经历做一个简单的概括，且要突出比较有代表性的事情及这些事情的价值和意义。

结尾。结尾要对逝者表示悼念及如何向逝者学习等。最后，要写上“永垂不朽”“精神长存”之类的词语。

（3）发文日期

悼词全文的右下角写上发文日期。

实操模板

悼词 【标题】

×× 因 ×× 不幸于 ×××× 年 ×× 月 ×× 日于 ×× 地逝世，终年 ×× 岁。……此刻我们的心情非常沉重。

×× 曾是……

×× 在某件事情中表现非常突出……

……

××和我们永别了，再次表示沉痛的追悼。××是我们学习的榜样，让我们化悲痛为力量……

您的精神永垂不朽！

【正文】

××××年××月××日

【发文日期】

技巧总结

在悼词写作中，有哪些注意事项呢？

（1）在描述逝者的生平事迹时，要实事求是，不能刻意夸大。

（2）描述逝者生平的时候要按照时间顺序展开。

（3）悼词虽然要有悲伤的情绪，但是不能过于渲染负面情绪 。

（4）悼词概括性要强，语言要简朴、精练。